Bayern braucht Wolpertinger

Eine dramatische Reportage:
erlebt von Heike Brink
beschrieben von Hannes Burger,
Ernst Fischer und Herbert Riehl-Heyse
gezeichnet von
Josef Blaumeiser

Ehrenwirth

CIP-Kurztitelaufnahme der Deutschen Bibliothek

Burger, Hannes
Bayern braucht Wolpertinger : e. dramat. Reportage, erlebt von Heike Brink / beschrieben von Hannes Burger, Ernst Fischer u. Herbert Riehl-Heyse, gezeichnet gezeichnet von Josef Blaumeiser
– 1. Aufl. – München : Ehrenwirth, 1977.
ISBN 3-431-01897-1
NE: Fischer, Ernst:; Riehl-Heyse, Herbert:

ISBN 3-431-01897-1

Druck: Friedrich Pustet, Regensburg
Printed in Germany 1977

Gewidmet
Unserer Landesmutter
to whom it may concern.

Vorwort

Die tiefsten Geheimnisse eines Volkes zu erspüren, das ist seit jeher die vornehmste Aufgabe eines Dichters. Wo andere – Journalisten etwa – an der Oberfläche herumdilettieren, blickt er tiefer, sieht er mehr. So mußte dieses Werk denn geschrieben werden – zum Ruhme Bayerns, zur Sichtbarmachung seiner mystischen Dimension. Ich danke den drei Mit-Sehern, Hannes Burger, Ernst Fischer und Josef Blaumeiser, ich danke dem bayerischen wie dem bremischen Staatsarchiv für manche nicht genommene Akteneinsicht, sowie insbesondere mir, der ich so gerne in mich hineinhorche. Mööööge dieses Werk!

München, Anfang Juli. *Herbert Riehl-Heyse*

Grußwort

Vor die Alternative gestellt, an Faust III oder an einem Werk über die Wolpertinger mitzuschreiben, habe ich nach reiflichem inneren Ringen die letzteren gewählt. Den entscheidenden Anstoß für die Erforschung des Rätselhaften an sich gab jener ebenso denk- wie merkwürdige Schafkopfabend der Autoren am Schliersee, als beim letzten Spiel zwei Eichel-Ober zusammenfielen. Daß ich solche Wunder zu durchschauen vermag, verdanke ich meiner niederbayrischen Heimat und ihren Menschen, der Quelle jener unbändigen Kraft, die zur Vollendung dieser überaus schwierigen Arbeit notwendig war. Dank sei auch meinen Forscherkollegen für ihr mitreißendes und flottes Schaffen in all den Jahren zäher Vorbereitung. So grüße ich denn mit unserem echt bayerischen Vademecum all jene, die wie mich eine verschämte Liebe zur Heimat und zu den eigenen Werken auszeichnet.

München, Mitte Juli. *Ernst Fischer*

Geleitwort

In dieser stolzen Stunde, da ein großes Werk vollbracht ist, gilt unsere Anerkennung nicht allein uns selbst, sondern allen, die sich uns und dem Wolpertingergedanken zur Verfügung gestellt haben. Wer läge uns Autoren da näher als alle unsere tapferen Frauen, die es uns durch ihre stete Bereitschaft immer erleichtert haben, zur Sache zu kommen. Bei unserem großen Anliegen, das bayerische Wesen zu vermehren, standen besonders das Bayerische Gemeinwesen, das Vereins-, Sport- und Bauwesen, das Domkapitel, sowie alle anderen Veteranen und Trachtler des Abend- und Alpenlandes wie ein Mann hinter uns. Dennoch wäre ohne die sittliche Reife und staatstragende Moral der Patrioten Ernst Fischer und Herbert Riehl-Heyse das Schlimmste kaum zu verhindern gewesen. Nicht zuletzt aber hat unser begnadeter Malermeister Josef Blaumeiser in diesem Buch alles Leere vollgemacht. Möge uns dieser Wolpertinger-Strich erhalten bleiben, der sich als ebenso schwarzer wie roter Faden durch unser geschichtsträchtiges Zukunftswerk zieht!

München, Ende Juli. *Hannes Burger*

Wie alles anfing

Ich hatte mir wirklich nichts Besonderes gedacht, als ich an diesem Montagvormittag in die Redaktionskonferenz ging. Bestimmt würden wieder zwei, drei Kollegen geschlachtet, und Henri Nannen – ein schöner Mann übrigens, aber schrecklich autoritär gegenüber Frauen – würde was Sarkastisches sagen; das erwartete man einfach von ihm. In solchen Fällen mache ich immer mein Konferenzgesicht, schön aber eisig – da tritt mir keiner zu nahe.

Aber an diesem Vormittag war von Anfang an alles anders. Schon als ich reinkam, ein bißchen zu spät, wie ich das gerne mache, war die allgemeine Stimmung ungewöhnlich heiter. Hatte jemand einen Witz gemacht, vielleicht sogar der Meister persönlich? Ich lachte mal mit zur Vorsicht, wenn auch nicht so heftig, für den Fall, daß sie vielleicht über mich lachten. Außerdem bin ich eine Dame. Das darf man nicht vergessen, selbst wenn man im rauhen Klima des *magacin* arbeitet.

Alle redeten wie immer durcheinander, aber langsam verstand ich doch, worum es ging.

»Ganz großartig, diese Seppls, immer wieder zum Brüllen komisch.«

»Wo spielt die Kiste? In der Nähe von Altötting hoffentlich.«

»Auf jeden Fall muß der Strauß vorkommen, wie er gerade zusammen mit dem Kardinal die Jusos aus der SPD heraus exorziert.«

»Und bitte nicht ohne den Postwirt Tandler! Den kann der Tomkowitz eh schon auswendig, da braucht er gar nicht aus dem Haus zu gehen.«

Tomkowitz, muß man wissen, ist unser Mann in München, der schreibt alle Geschichten über Bayern. Da beneiden wir ihn immer drum, weil diese Sachen von alleine so komisch sind.

»Nein«, sagte jetzt unser Ressortleiter für Deutschland, Abteilung Politik. »Diesmal ist es was eminent Politisches, ein großes Thema.

Steht doch hier präzise in der Münchner Abendzeitung: »Eher werden noch die Wolpertinger die Alpen retten als diese schlappe bayerische Staatsregierung.«
Allgemeine Erregung. »Sehr komisch. Ausgerechnet die Wolpertinger!«
»Wird ja alles ganz anders, wenn erst der Strauß . . .«
In diesem Moment machte ich den großen Fehler, der alles ins Rollen brachte.
»Wolpertinger«, hörte ich mich zu meiner eigenen Überraschung sagen, »also ehrlich, so ganz genau wüßte ich im Moment eigentlich gar nicht . . .«
Eisiges Schweigen im Raum. Sowas war seit Jahren nicht mehr vorgekommen, daß ein Redaktionsmitglied des *magacin* freiwillig etwas nicht wußte. Jetzt kam es für jeden Kollegen darauf an, Nerven zu bewahren und ganz schnell Kompetenz zu beweisen; mit fester ruhiger Stimme. Ich hätte mich ohrfeigen können: als ob ich die Spielregeln nicht selber ganz genau kennen würde.
Als erster hatte sich einer der drei Stellvertreter gefangen.
»Tja, die Wolpertinger«, sagte er, leicht die Nase rümpfend, »aber ich persönlich meine ja, daß die bayerischen Adelsgeschlechter inzwischen gar nicht mehr so viel zu sagen haben.«
Kurze ehrfürchtige Stille – dann lachte einer der anderen Stellvertreter schrill auf. Das war natürlich das Kommando für uns andere, so laut wie möglich mitzulachen. Ich konnte gar nicht mehr aufhören. Der überaus gebildete Experte in bayerischen Adelsfragen warf mir einen giftigen Blick zu und hatte dann plötzlich einen sehr dringenden Termin. Macht nichts, ich kann ihn sowieso nicht leiden.
»Es handelt sich bei diesen Wolpertingern um einen fast ausgestorbenen bayerischen Volksstamm«, belehrte uns jetzt der Wissenschaftsredakteur, »der praktisch nur noch in entlegenen niederbayerischen Hochgebirgsdörfern auftritt. Erste Spuren gibt es schon im Diluvium.« Wieder Stille – der Wissenschaftsredakteur genießt bei uns ein hohes Ansehen, er hat eine Brille mit ganz feinem Goldrand.

Ganz schüchtern hob jetzt der Volontär die Hand, der vor vier Wochen aus München zu uns gekommen war, damit er einmal das Flair einer Weltstadt kennenlernt.
»Die Wolpertinger sind, wenn ich mal was sagen darf, am ehesten als so eine Art Fabel . . .«
». . . Fabelhaft! Aber ich weiß wirklich nicht, wie Sie auf die Idee kommen, hier etwas sagen zu dürfen«, unterbrach ihn in diesem Moment sarkastisch Henri Nannen. Alle staunten, aber er war wirklich soeben aufgewacht, weil sein Stellvertreter die Tür so laut ins Schloß geworfen hatte. Wahrscheinlich spürte er, daß jetzt seine Führungskraft gefragt war, denn schon sprach er das erlösende Wort.
»Ich wundere mich doch sehr, daß Sie das nicht sehen, meine Herren: Gerade wenn sogar hier Leute sitzen, die nicht wissen, wer diese bayerischen Wolpertinger sind, schreit das doch nach einer Geschichte im *magacin.* Ist erfahrungsgemäß auch optisch ungeheuer ergiebig – wie alles in Bayern.«
Ich weiß heute noch nicht, wieso sein Blick in diesem Moment gerade auf mir zu ruhen kam. Vielleicht war ich noch rot von vorhin, vielleicht hatte er auch im Unterbewußtsein mitbekommen, daß ich mich so ungewöhnlich exponiert hatte. Jedenfalls sagte er: »Da schicken wir unser Püppchen runter.«
Ich drehte mich demonstrativ um, damit ich sehen konnte, wo denn hier ein »Püppchen« sitze, fand keines und schüttelte den Kopf. Alle sahen mich an. Er könne doch unmöglich mich gemeint haben, würgte ich tapfer hervor.
Er hatte doch, dieser Pascha. Ich wurde schon wieder rot, als er noch anfügte: »Die Bayern fliegen ja auf so dralle junge Blondinen wie unser Püppchen.«
Das war natürlich eine blanke Unverschämtheit. Erstens heiße ich Heike Brink und überhaupt nicht Püppchen (ausgerechnet ich!). Zweitens haben meine Haare eindeutig einen Stich ins Rötliche, und drittens ist meine Figur zwar durchaus gut entwickelt, aber im ganzen eher sportlich-grazil. Und so schrecklich jung bin ich im übri-

gen leider auch nicht mehr: Ich bin genau 29 Jahre alt und eher der emanzipierte, intellektuelle Typ, wie meine Freunde sagen. »Nein«, erwiderte ich nun wütend, »für so eine blöde Geschichte müssen Sie sich schon wen anderen suchen. Ich bin politische Reporterin.« Mit der letzten Abendmaschine flog ich nach München. rhy

In der Hauptstadt der Freizeit-Bewegung

Der Verdacht, daß es mit der bayerischen Wohnkultur ziemlich schlecht bestellt sein müsse, kam mir schon damals, vor fünf Jahren, bei meinem ersten München-Besuch zum Oktoberfest. Wie muß es bei diesen Menschen zu Hause aussehen, wenn sie zu Hunderttausenden in diese zeltartigen Massenbaracken strömen, sich schwitzend aneinanderdrängen und sich laut grölend gegenseitig vorsingen, wie unsterblich die Gemütlichkeit hier sei. Heute dagegen kam mir die Unsitte der Münchner sehr zugute, bei schönem Wetter fluchtartig die Wohnungen zu verlassen, auf die Straßen auszuschwärmen und sich in Freiluft-Gaststätten zu drängen. Für eine spontane Umfrage unter der Bevölkerung, was der Mann auf der Straße über die Wolpertinger weiß, brauchte ich nicht lange zu suchen. Das Seltsame daran war nur: die Leute, die sich im Trachtenanzug als Bayern bekannten, sprachen meist hanseatisch oder berlinerisch, gaben auch bereitwillig Auskunft, wußten aber nichts; dagegen sprachen Leute, die leger wie Touristen gekleidet waren, sehr oft reinstes, fast unverständliches Bayerisch, reagierten aber auf die Frage nach den Wolpertingern beleidigt, herablassend witzelnd oder plump anzüglich, jedenfalls auffallend unnatürlich. Vielleicht hat der Fotograf eine Erklärung dafür.

Wenn er nur endlich käme. Ich war wegen der Volksbefragung durch die Fußgängerzone im Zentrum und dann der Ludwig- und Leopoldstraße entlang bis Schwabing zu Fuß gelaufen und völlig geschafft. Allein hier auf dem Balkon des Café Rialto zu sitzen, die Füße auszustrecken und auf das Gewirr von vorüberdefilierenden komischen Typen hinunterzublicken, die München schon am späten Nachmittag den Charakter einer Hauptstadt der Freizeit-Bewegung verleihen, das gibt einem ein herrliches Lebensgefühl. Meine Neigung, hier wieder aufzustehen, wurde immer geringer. Während ich noch an einem gemischten italienischen Eis schabte, kam schließlich, mit fast 20 Minuten Verspätung der Fotograf: Joachim Prohaska, 53 Jahre, rundliche Figur, rosiges Gesicht, kurzgeschnittene Haare mit tiefer Stirnglatze. Die Fahndungsbeschreibung der Redaktion traf genau auf den Mann zu, der mit einer riesigen schwarzen Umhängetasche zum vereinbarten Treffpunkt eilte. Sein Bauch quoll über enge, ausgewaschene Blue Jeans, zu denen ein weit offenes blusiges rosa Hemd und weiße Segeltuch-Tennisschuhe das Bemühen um eine jugendliche Note verstärkten. Nach kurzem Austausch von Höflichkeiten musterte er mich wohlgefällig und stellte mit dem geübten Röntgenblick eines Altplayboys fest, daß ich keinen BH unter meinem weißen T-Shirt mit dem aufgedruckten bayerischen Staatswappen trug.

»Stehn Ihnen ausgezeichnet, die zwei strammen Löwen«, scherzte er anzüglich. »Aber Se sollten wenigstens noch was drieber ziehen, in en Biergarten mecht es schon a wenig kiehle werden am Abend.«

Ich zeigte mein Strickjäckchen, zahlte und ging gleich mit, weil er schon drängte, um noch einen Platz zu bekommen.

»Das missen Se wissen«, sagte er auf dem Weg zu seinem Auto, »mir mecht hier keiner was vormachen. Mir haben schon vor dreißig Jahr von drieben nach Bayern rieber gemacht, damals, als mir haben missen flichten, weil die Russen kemmer seind.«

Auf meine Frage, was er denn konkret über die Wolpertinger wisse, wich er freilich aus: »Das kriegn mer schon. Als Minchner hat ma natierlich schon viel gehärt über die Dinger und werd auch schon welche gesehen haben. Aber wenn man's dann soll im Moment parat haben, fiehlt ma sich doch gleich wieder überfragt, netwahr. Aber da gehn mer jetzt in den Augustiner, da mechten so viele Minchner Bierdimpfeln vom alten Schlage sitzen, daß mir grad eine Menge Einzelheiten hären kennen, mehr als uns recht sein tut.«

Fotografiert hat er leider bisher noch keinen Wolpertinger, weil er, wie er erzählte, sehr viel beruflich auf Auslandsreisen war und stark im internationalen Geschäft engagiert ist. Zufällig habe er gerade eine kleine Pause zwischen zwei Aufträgen und sich deshalb kurzfristig freimachen können.

»Kannst mich Johnny nennen wie alle Freinde und Kollegen. Und

ich mecht mir erlauben, Heike sagen zu dirfen, weil mir Minchner seind nicht so fermlich wie die Breissen und stärker für die Velkerverbriederung eingestellt.«
Dann spielte ich ihm die Antworten von meinem Kassettenrecorder vor, die ich von den Münchner Passanten auf die Frage erhalten hatte: »Was wissen Sie über die Wolpertinger?«
»Über die Wolpertinger? Alles. Aber ich sag nix.«
»Geh spinnans mi doch net o! Und außerdem is des Sperrbezirk.«
»Wolpertinger? Ja, davon hab ich gehört. Das sind vom Aussterben bedrohte Alpentiere, nicht wahr. Die sollen doch jetzt, wenn ich richtig informiert bin, im Nationalpark wieder eingebürgert werden.«
»Wolpertinger? Da muaßt mit mir hoamgeh, Madl, dann klär i di auf über d'Wolpertinger.«
»Das sind halt die Einwohner von Wolperting, was sonst? Aber wo der Ort liegt, könnt ich Ihnen jetzt aus dem Handgelenk nicht sagen.«
»Von de Wolpertinger woaß i garnix, mir san de aa wurscht. A jeder kann von mir aus sei eigne Religion ham und glaubn, was er wui. Aber i bleib katholisch!«
»Was fragst denn da mi, hast doch selber recht gewolbte Dinger, hahahaha, hab i net recht?«
»Wolpertinger? Ach, ist das wieder so eine Befragung für den Rundfunk, gelt, das kenne ich, ist wohl irgendein bekanntes Denkmal in der Nähe.«
»Lassen's mi doch in Ruah mit eananer blöden Reklame! I rauch nix.«
»Ja Madl, da gehn ma halt in Wald miteinand und fang ma oan. Dann woaßt glei mehr überd' Wolpertinger. Grad auf solche Hasen wia di fliangs'.«
Johnny schüttelte den Kopf und war von meinem bisherigen Erfolg nicht sehr angetan: »Das macht natierlich deitlich, daß die Bevelkerung auch nicht richtig aufgeklärt ist hier. Das Schulwäsen kennt eben besser sei. Nu, das läßt sich schon ganz gut verkaufen. Aber

nix Gewisses is es äben auch nicht, wie mir Minchner sagen.«

Um so größer waren deshalb meine Erwartungen von den Münchnern im Biergarten. Von meinen Hamburger Kollegen hatte ich schon wahre Wunderdinge über diese Kunststätten bayerischer Lebensart gehört, in denen laut Johnny sogar Angehörige der »higheren society« das Essen mit den Fingern zelebrieren sollen. Man hatte mir geraten, mich am besten an einen gewissen August Diener zu wenden.

H.B.

Weißwürstel mit Brezel und Cola

Ich war völlig verblüfft, als ich hinter den grauen Häuserblocks des Bayerischen Rundfunks auf einmal vor einem Kastanienpark stand und Johnny sagte: »Da seimer!«

Es war ganz anders als das Oktoberfest: keine Musik, keine Schaubuden, keine Fahrbetriebe. Nur Tische unter den Kastanien und jede Menge Volk, das vor diesen riesigen Bierkrügen saß und Rettiche, Hühnchen, Brezen, Würste und Käse in sich hineinstopfte.

In der Mitte des überfüllten Gartens entdeckte ich einen großen Tisch, der erst zur Hälfte besetzt war, und steuerte zielsicher darauf zu. Johnny wollte mich zurückhalten und klagte: »Das mecht ein Menschen schier verdrießlich machen. Aber das wird nu der Stammtisch sein, wo sie uns werden nicht dulden megen.«

»Genau das ist es ja, was wir wollen: Stamm-Münchner«, freute ich mich und ging an den Tisch. »Gestatten die Herren, ist hier noch frei?« fragte ich der Form halber, nahm aber der Sicherheit halber gleich Platz.

Zuerst wurden wir sehr unwillig angeguckt, dann zumindest ich schon mit etwas Wohlwollen geduldet.

»So seind se, unserne Minchner Bierdimpfln«, flüsterte mir Johnny stolz zu, »zuerst meinst, daß se dich mechten fressen, aber sobald sie ein Holz vor der Hüttn sehn, tun sie gleich Feier und Flamme sein.«

Diese Biergarten-Münchner arbeiteten still und konzentriert vor sich hin, als bereiteten sie mit großem Ernst eine wichtige kultische Handlung vor. Ein magerer älterer Herr zum Beispiel, eine Art Bayern-Gandhi, den sie abwechselnd Sigi oder Blasius nannten, säbelte mit verbissener Miene mit seinem Taschenmesser an einem Rettich herum. Ein seltsamer Mensch. Obwohl es offensichtlich an den Verkaufsständen bereits schöne, original-bayerische, in Spiralen geschnittene Rettiche fertig zu kaufen gab, schnitt er seinen »Radi«, wie er ihn mit einem Anflug von Zärtlichkeit nannte, der

Länge nach zur Schwanzwurzel hin in hauchdünne Scheiben. Und jedesmal, wenn ihm das scharfe Messer ein wenig abrutschte, daß sich ein Rettichblatt aus dem Block löste, fluchte er leise unverständliche Wortkonglomerate vor sich hin wie »Bluadsaueremare« oder »Legmidogleiamoschsauglumpvareckds«.
Was einen kleinen sportlich-schlanken Herrn neben ihm, den sie mit Kugelschreiber, Manfred oder Sheriff anredeten, zu der Mahnung veranlaßte: »Anständig müßt ma halt lebn, dann kriagat ma net so früah an Datterer und dann kannt ma aa besser sein Radi schneidn!« Mir blieben solche Philosophien rätselhaft, noch dazu, weil dieser hartgesottene Biergartenhocker, der voller Akribie eine Mischung aus Salz und Pfeffer anrührte, um einen Emmentaler Käse damit zu bestreuen, eine verblüffende Ähnlichkeit mit Kirk Douglas hatte. Noch frappanter dagegen war die Ähnlichkeit eines anderen Bierdimpfl am Tisch mit dem »Alten« in der ZDF-Krimiserie.
Aus meinen Beobachtungen wurde ich erst aufgeschreckt, als eine schwarzgekleidete ältere Kellnerin sich neben mir aufbaute und die Tischrunde fragte: »Derf des Freilein da sitzen? Ghört de zu eich?«
»Zu uns ghörts net«, brummte der Alte, und der mit wissenschaftlicher Präzision seinen Radi salzende Blasius fügte ohne aufzusehen hinzu: »Aber des is schließlich net des erste Madl, wo mir sitzen lassen habn. Hab i recht, Buam?« Einer der so angesprochenen Nachbarn meinte nur: »Und aa net's letzte, toi, toi, toi!«
»Und was is mit dem Herrn da?« wollte die Bedienung wissen.
»Warum? Ist das denn hier so feierlich wie bei Höfers Internationalem Frühschoppen?« fragte ich gereizt.
Da wurde endlich der Größte am Tisch auf uns aufmerksam, der nur gelegentlich mit einem lauten sonoren Baßgelächter die Unterhaltung auf der anderen Tischseite unterbrochen hatte. Das hörte sich an, wie wenn Göttervater Zeus über seine eigenen Witze lachte: »Hohoho! So ein kapitaler Bursch! Hohoho!« Er breitete seine langen Arme aus und pumpte seinen beachtlichen Brustkasten auf, als

wolle er jetzt den päpstlichen Segen »Ora et labora« erteilen, und hob mit donnernder Stimme an: »Mari, um nicht zu sagen Mari Huana, du Edelkastanie des göttlichen Augustiner. Laß Gnade walten mit dieser blonden Blume aus Borussia! Im Klartext: Mari, laß uns des Maderl da zum Spuin und ihrn Opa aa, weil sie sonst Angst kriegt, und das macht Komplexe . . .«
»Und fürs Komplexe bauen bist schließlich du zuständig, Ernst Maria«, schnarrte eine Dame namens Spröde oder Sprotte mit rauher Altstimme dazwischen und erntete beifälliges Gelächter.
»Was soll i nacher bringa?« brummte die Bedienung, und Johnny sagte eifrig: »Natierlich a Bier mecht ich kriegn und a scheene Haxn, recht knusprig dirfte sie sein, net wahr.«
Um nicht gleich unangenehm aufzufallen, bestellte ich auch was Bodenständiges: »Ein Paar Weißwürstel mit Sauerkraut, eine Brezel und eine Cola, bitte!«
Irgend etwas mußte ich falsch ausgedrückt haben, denn die ganze Runde erstarrte und blickte entsetzt auf mich, als hätte ich bei einem Treffen alter Widerstandskämpfer versehentlich »Heil Hitler!« gesagt. Sie hörten zu kauen auf und öffneten mit schmerzlichem Gesichtsausdruck den Mund, wie ich es von Freunden kannte, die zum ersten Mal überraschend auf ein Peperoni bissen. Der dürre Sigi schien fast am Weinen, als er fragte: »Soll i mir des erst no oschaugn, oder soll i scho glei nausgeh zum Schpeim?«
Der charmante »Sheriff« befreite mich aus der peinlichen Lage und gab einfach in barschem Befehlston für mich eine Bestellung auf: »Des Ganze is koa Zammastand. Bring ihr a Hendl und a Bier, des is international.« Ich nickte zustimmend und stellte ein erlöstes Aufatmen fest. Und ganz plötzlich fiel ohne mein Zutun das gesuchte Stichwort.
»Ich denk, mich trifft der Schlag«, faßte der lange Architekt Ernst Maria das für diesen Tisch offenbar denkwürdige Ereignis zusammen, wobei er jede Silbe langsam auf der Zunge zergehen ließ: »Weiß-wür-stel mit Sauer-kraut, Bre-zel und eine Co-la! Hohoho! Manner, das hört sich fast so gut an wie Wolpertinger in der Vanill-

soß!« Da war er plötzlich unter uns. Ich blickte verstohlen zu Johnny, der mir aufmunternd zublinzelte.
»Wie ißt man denn nun einen Wolpertinger?«, wagte ich meinen ersten Vorstoß.
»Es heißt nicht Wolpértinger, sondern, Wólpertinger,« korrigierte mich der Sheriff.
»Einen Wolpertinger frißt man auch nicht, es sei denn, man hätte einen gefangen!«, dozierte der Göttervater Ernst Maria.
»Und wie fängt man einen Wolpertinger?« bohrte ich nach.
»Da müssen S' den Schreiber Mane fragn«, kicherte Blasius, »der is nämlich a Schandarm und fangt jede Woch Wolpertinger- seit s'n von der Oetker-Fahndung entlastet habn.«
Schreiber schaute mit scharfem Blick in die Runde, nagte noch ein paar Sekunden an einer Emmentalerrinde entlang und sagte dann mit leichter Resignation in der Stimme: »I kenn nur oan Wolpertinger, und des is der Kiesl Erich. Den wenn i wieder amal vorn Tennisschläger kriag, dann schiaß i a As, daß der Dreck spritzt.«
»Aber, aber«, ermahnte ihn die Dame mit einem drohenden Fingerchen, »wer wird denn uns Münchnern unseren künftigen Oberbürgermeister wegputzen und ihn gleich noch mit einer Ratte vergleichen, nur weil er klein und schwarz ist.«
Nun hatte sie offenbar den ganzen Biertisch provoziert, denn es prasselten Diskussionsfetzen wild durcheinander, und ich kam beim Mitschreiben kaum mehr nach. Was mir dabei vor allem Schwierigkeiten machte, war der Dialekt, noch dazu weil jeder Münchner ein anderes Bayerisch spricht und immerzu wieder in das zurückfällt, was er für Hochdeutsch hält.
»A Wolpertinger is ja koa Ratz net, des kon ma net sagn.«
»Ihr bringts ja unsern norddeitschen Gast völlig durchananander. De kommt am End hoam und woaß überhaubz nimmer, was a Wolpertinger is.«
»Derweil mir sie da ausrichten, sitzen die Wolpertinger vielleicht scho in de Kastanien drobn, lachan uns aus und bumsen in aller Gemütsruhe a schnuckligs Oachkatzerl.«

»Oder sie lassen uns was ins Bier nei!«
»Des waar ja leider guat! Weil du muaßt as ja selber am besten wissen, für was a so a Wolpertingersaft guat is – wennst di no erinnern kannst, was da außerm Essen und Trinka no war.«
»Passen Sie mal auf, mein Fräulein«, schaltete sich nun ein Herr ein, der vom Nachbartisch ungebeten herüberkam. »Sie sind ja offensichtlich von der Presse, was ich im Prinzip nicht ausstehen kann, weil ich nichts mehr scheue als Publicity. Aber als Rolf Bossi kann man sich eben nicht gegen die aufdringliche Öffentlichkeit wehren. Also, schreiben Sie am besten gleich mit.«
Ich war für einen Moment verblüfft, aber wenn der Herr wirklich der berühmte Starverteidiger Rolf Bossi sein sollte, mußte er ungemein volkstümlich sein. Oder die anderen Bierdimpfln waren auch prominent; trotzdem schienen sie über diese Einmischung verstimmt.
»Da hatte ich mal einen schwierigen, ja, ich möchte sagen aussichtslosen Fall, der mit großer Diskretion zu behandeln war. Sie kennen ihn sicher, er ging damals durch die ganze deutsche Presse. Ein brillanter junger Stilmöbelschreiner hatte seine Schwiegermutter mit dem Schnitzmesser erstochen, weil sie ihn mit einer Anfangskontoristin in den Hobelspänen beim Ehebruch ertappt hatte und ihm das Vermögen seiner Frau durch die Lappen zu gehen drohte. Der Fall schien sonnenklar, die Beweislast war erdrückend, alle Gutachten sprachen gegen uns. Jeder andere Anwalt hätte nur noch auf mildernde Umstände wegen ärmlicher Jugendzeit plädiert oder solchen Quatsch. Da kam mir, es war kurz vor Ende der Hauptverhandlung, die Idee mit dem Wolpertinger. Ich flüsterte kurz mit meinem Mandanten, der schnappte in der Verzweiflung nach dem Wolpertinger wie nach seinem letzten Strohhalm . . . haben Sie? . . . wie nach seinem letzten Strohhalm . . . und war gerettet.«
»Wieso das denn, das begreife ich nicht«, wandte ich aufgeregt ein, »hatten Sie denn einen Wolpertinger bei sich, und wie ging das vor sich?«
»Also, schreiben Sie: Mein Mandant streute in seinen nächsten

Aussagen immer wieder ganz unauffällig ein, er habe zuerst in den Hobelspänen einen Wolpertinger gesehen, die Kollegin habe ihm beim Suchen geholfen und schließlich habe er den Wolpertinger am Busen seiner Schwiegermutter gesehen und – um diese vor dem tödlichen Biß zu retten – blitzschnell zugestochen. Die Sensation war perfekt: Vertagung, neue Gutachten und Obergutachten – schließlich Freispruch wegen erwiesener Unzurechnungsfähigkeit.«

»Ja, hat ihm denn das Gericht geglaubt, daß da ein Wolpertinger im Spiel war?«

»Nein, natürlich nicht, aber es ist mir gelungen, durch international anerkannte Gerichtspsychologen nachzuweisen, daß es nicht nachzuweisen ist, daß mein Mandant – subjektiv gesehen – den Wolpertinger wirklich nicht gesehen hat. Die Vision hat er noch zwei Jahre in der Nervenheilanstalt behalten, dann hat er den Wolpertinger dem Zureden der Psychiater geopfert und lebt jetzt glücklich und zufrieden in Taufkirchen an der Vils.«

Mir war im Eifer des Mitschreibens gar nicht aufgefallen, wie die meisten am Tisch während der Erzählung des angeblichen Herrn Bossi still und sauer heimgegangen waren. Nur mein Fotograf saß noch mit weit aufgerissenen Augen da und schaute gespannt auf Bossi. Und Blasius schob mit traurigem Blick auf den leergeredeten Tisch sein letztes Radiblatt zwischen die Zähne.

»Matz!« sagte er nur beim Weggehen und tippte mit dem Finger an die Stirn.

»Was meint er?« fragte ich, und Johnny erklärte mir: »Der dirfte dich verwechselt haben mit ne esterreichische Filmschauspielerin.«

Leicht benommen erhob ich mich auch – und wäre beinahe in den Kies gesunken, wenn mich Johnny nicht aufgefangen hätte. Alles über mir, unter mir und um mich herum drehte sich. Wieviel ich getrunken hatte, wußte ich nicht mehr genau, aber in der freudigen Erregung muß es wohl zuviel gewesen sein. Genaueres über den Wolpertinger wußte ich zwar immer noch nicht, eins jedoch schien jetzt jedenfalls sicher – und das war für den ersten Recherchiertag nicht wenig: an seiner Existenz schien es hier überhaupt keine

Zweifel zu geben. Und beim Hinausgehen war mir noch fast so, als hätte ich in den um mich kreisenden Bäumen selber einen oder mehrere hämisch grinsend durch die Äste turnen gesehen . . . aber es ging alles zu schnell.

HB

Von Römern und Wadlstrümpfen

Mein Gott, jetzt nur keinen Whisky, dachte ich, aber er stellte mir schon ein Glas hin, voll bis zum Rand. Dieser Tomkowitz mußte doch sehen, wie mir zumute war nach dem feucht-fröhlichen Abend. Die ganze Nacht über hatte ich von riesiggroßen Kastanienbäumen geträumt, unter denen sich an blauweißen – oder muß es heißen weißblauen? – Lianen wollknäuelartige Wolpertinger-Tiere mit langen Mähnen wie Affen hin- und herschwangen. Sie hatten, ich muß das gestehen, höchst auffallende Ausbildungen von Männlichkeit.

»Gerhard, lieber Kollege«, hob ich an, und meine Stimme krächzte ein wenig, »ich darf Ihnen versichern, ich habe mich wirklich nicht zu dieser Geschichte gedrängt. Ich weiß auch, daß das Ihr Revier ist, aber die Zentrale in Hamburg meint, hier sollten neue Augen ran und eine frische Feder.«

Tomkowitz' blaugraue Augen verrieten keinen Ärger, aber er wirkte trotz seines überlegenen Lächelns verkrampft, und ein bißchen schwang auch aufgesetzte Lässigkeit mit, als er mir zugestand:

»Mußt dich nicht entschuldigen, Madel. Es ist sicher ganz gut, wenn so ein Nordlicht hier mal reinleuchtet. Du siehst und hörst vielleicht Dinge, verstehste, da können wir Einheimischen nur noch staunen. Gerade bei dieser Geschichte«.

Also, sehr hilfreich war der Kollege nicht, obwohl ich ständig das Gefühl hatte, der Mann weiß mehr. Immerhin rückte er ein paar Adressen heraus, wobei mir Bruder Augustin, der Bibliothekar von Andechs, am erfolgversprechendsten erschien. Andechs, muß man wissen, ist so eine Art Bierkloster draußen auf dem Lande, das von den Bayern sehr verehrt wird, weil sie hier beten und trinken können, wobei ich in der Reihenfolge nicht sicher bin.

Der Bibliothekar dort sah genauso aus, wie ich mir einen Benediktiner vorgestellt hatte – wenngleich er keine Mönchskutte trug, als ich ihn vor den hohen Bücherregalen traf. Ein überaus liebenswürdiger Mann, klein von Wuchs, mit gütigen Händen. Lange und warm hielt er die meinen. Allerdings, in die Augen schauen konnte er mir nicht; meist stand er gesenkten Hauptes vor mir, den Blick verlegen auf meinen Ausschnitt geheftet, als er mir mit schmeichelnder Stimme eher ausweichende Antworten gab wie »Ja mei!« oder »Sein tut es schon was, gelt!«

Immer wieder bohrte ich nach: »Gibt es nun den Wolpertinger? Oder hat es ihn gegeben?«

Schließlich legte er seinen Kopf zur Seite, schaute fast flehentlich nach oben, ließ seine Äuglein kreisen und sprach milde:

»Auch ich kann nicht beweisen, daß es ihn gibt. Oder daß es ihn nicht gibt. Aber die bayerische Geschichte, liebe junge Frau, ist so voll mit ungewöhnlichen, unerklärlichen, sagenhaften Geschehnissen, selbst noch in der jüngsten Vergangenheit, daß man eigentlich auf alles schließen darf. Wenn wir Bayern zu sagen pflegen: Sachen gibt's, die gibt's gar nicht, dann weisen wir auf unerklärliche Phänomene hin, wie beispielsweise geheimnisvolle Tiere . . .«

»Sie meinen den Strauß«, rutschte es mir heraus, und ich bereute es auf der Stelle, als sich sein Gesicht schmerzlich verzog.

Es dauerte eine Weile, ehe Bruder Augustin wieder zu reden begann. Und er erzählte mir vom Sturm der Germanen auf den Limes, den die großen Blonden aus dem Norden trotz ihres ungestümen Kampfesmutes nie hätten für sich entscheiden können, war doch die Gegenseite an Ausrüstung, Ausbildung und Logistik überlegen; außerdem verfügte sie über dieses festgefügte Bauwerk aus Erdwällen und Palisaden.

»Aber der Limes war gleich hines, damals um 230 v. Christus taugte er nichts mehr. Der ganze Nordostwall der Römer war unterhöhlt, angenagt, durch geschickt umgeleitete Flüsse und künstlich herbeigeführte Hochwasser ausgespült. So als wäre ein Heer von maulwurf- und biberartigen Tieren am Werk gewesen, das entweder aus eigenem Antrieb oder aber nach Dressur den starken Limes zu einem potemkinschen Zäunchen degradiert hat.«

»Wollen Sie damit behaupten, daß Abertausende von Wolpertingern den Germanen den Weg ins römische Weltreich gebahnt und die Besiedlung des Herzogtums Bayern durch die Bajuwaren ermöglicht haben?« warf ich schnell ein – kritisch und doch stolz auf meine eben angeeigneten blauweißen (oder weißblauen?) Geschichtskenntnisse.

Dann machte ich es mir auf dem Geländer vor den Bücherwänden bequem. Augustin legte mir väterlich den Arm um die Schultern, um mich vor dem Umkippen zu schützen.

»Ich behaupte gar nix. Ich wiederhole nur, daß es ganz deutliche Hinweise auf eine Limeszerstörung gibt, die kaum anders als durch fabelhafte Nager zu erklären ist.« Und dunkel fügte der Bruder hinzu: »Es gibt ja so viele wunderbare Zeichen. Aber wer will sie schon sehen? Außerdem sind nach meinen Forschungen die Römer selbst auf ungewöhnliche Weise attackiert worden. Bei der genauen Untersuchung der Wadenbeine gefallener Legionäre sind nämlich feine Einstiche, wie von Nadelspitzen, entdeckt worden, zumeist in der Höhe zwischen 15 und 42 Zentimetern, das heißt bis knapp unter den Kniekehlen.«

»In die Waden, das bedeutet, daß die damaligen Besatzungstruppen in Raetien zuerst von hinten gestochen und dann erst von vorne erstochen wurden. Wer sollte das getan haben?« wandte ich ein.

»Eben. Diese vermutlich lähmenden Einstiche sind nach Ansicht ernstzunehmender Gelehrter, auf die natürlich die Herren Professores in München nicht hören wollen, nichts anderes als Bißstellen von scharfzähnigen Tieren. Und daß sie von hinten geführt wurden, darf niemanden wundern. Die Römer trugen bekanntlich lederne – höhere Dienstgrade goldene – Beinschienen, die nur das Schienbein schützten.«

»Das hieße doch, daß viele Römer den vorrückenden Germanen schon kampfunfähig in die Hände fielen.«

»Nun, ich möchte die Kampfkraft unserer Vorfahren nicht schmälern. Aber daß dieses Wadlbeißen mehr als eine Plage war, geht aus einem dringlichen Anforderungsschreiben des stellvertretenden

Kohortenführers Flavius Quinlius hervor, das uns glücklicherweise erhalten blieb. Darin fordert der römische Militär vom kaiserlichen Generalstab neuartige Beinschienen an, die später als sogenannte Rundumschützer (lateinisch: praeservativus rotundus) in die Militärgeschichte eingegangen sind.«

»Ich gehe sogar so weit«, Bruder Augustin redete sich in solche Erregung, daß er offenbar gar nicht merkte, wie eng er mich an sich drückte, »und behaupte, das Tragen von Wadlstrümpfen in manchen Landstrichen meiner Heimat ist in Erinnerung und aus Dankbarkeit an den Römerkampf aufgekommen, was inzwischen offenbar in Vergessenheit geraten ist. Sie müssen selbst zugeben, daß Wadlstrümpfe bekleidungsmäßig wenig Sinn haben und also kaum anders zu erklären sind. Wahrscheinlich signalisierte der Träger damit in der Gründerzeit unseres bayerischen Staates einem angreifenden Wadlbeißer, daß er kein Feind des Landes ist.«

Ich war perplex. Ich dachte immer, die Burschen in Bad Tölz und anderswo wollten damit den Touristinnen aus dem Norden etwas signalisieren. Persönlich fand ich die wollenen Beinschützer immer nur ulkig. Wie Sir Henri in Hamburg wohl damit aussehen würde?

Bruder Augustins fester Griff an mein Knie riß mich aus meinen Gedanken. Er zeigte auf meine Wade und reimte: »Wenn ein Bursch Ausschau hält nach einem Madl, gilt sein erster Blick dem Wadl. Warum? Weil er wissen will, ob's noch frisch ist und noch keinen Stich hat – von einem Wolpertinger. So, jetzt habe ich genug geredet, schönes Fräulein. Jetzt trinken wir drüben im Klosterstüberl eine kühle Maß.«

Er ließ wieder seine Äuglein kreisen und hakte sich beim Gehen ungeniert bei mir unter.

»In Bayern gehen sogar die Geistlichen anders, nicht wahr Hochwürden«, versuchte ich meine Überraschung zu überspielen.

Da strich er sich sein Cäsarenhaar zurecht und meinte: »Was haben Sie denn? Ich bin der Georg Lohmeier, königlich-bairischer Privatgelehrter und Schriftsteller meines Zeichens.«

»Und Bruder Augustin?« fragte ich reichlich irritiert.

»Der sitzt wahrscheinlich schon drüben bei seinem Bier. Sie werden staunen, was wir noch an Neuigkeiten aus unserem alten Bayern erzählen können – vielleicht sogar über Wolpertinger.« Fi

Das königliche Mensch

Das Andechser Bierstüberl ist neben der Wieskirche, dem Tierpark Hellabrunn, Schloß Neuschwanstein und dem Hofbräuhaus einer der wichtigsten Plätze in Bayern. Viele finden es noch gemütlicher als das Hofbräuhaus. Die Räume sind ziemlich dunkel, und der starke Biergeruch liegt im ständigen Kampf mit dem aus den Toiletten, wobei ersterer nicht immer Sieger bleibt.

Außerdem gibt es immer einen, der mit seinem Nachbarn sehr laut redet, weshalb die anderen am Tisch schreien müssen, wenn sie sich verständlich machen wollen. Und an den anderen Tischen muß man dann natürlich noch lauter schreien.

In den Lärmpausen trinken die Leute mit einer auffallenden Geschwindigkeit große Mengen von Bier, als wäre es die letzte Möglichkeit, bevor Apfelsaft ausgeschenkt wird. Gegessen werden vornehmlich dicke, bunte Scheiben Wurst mit Zwiebel in einem öligen Essigwasser.

Bruder Augustin, ein rotgesichtiger Grauschopf, ließ seltsamerweise seinen Bierdeckel verschwinden, als wir eintrafen. Mein falscher Bibliothekar Lohmeier aber begann nun mit Macht den Staub seiner Folianten hinunterzuspülen. Schon nach einer halben Stunde trat ein, was ich insgeheim erhofft hatte: Die Zungen der beiden lösten sich, sie gaben nun unumwunden die Existenz der Wolpertinger zu.

Dabei erwies sich der Klosterbruder als temperamentvoller Vertreter der These, wonach sich Wolpertinger nicht nur gegen die Römer, sondern überhaupt gegen Besatzungstruppen und Eindringlinge aller Art eingesetzt hätten »ganz wurscht, ob das Ungarn, Schweden, Österreicher oder Franzosen waren«.

»Vergessen Sie die Amerikaner nicht«, warf ich ein.

»Die waren ja keine richtige Besatzung«, wehrte Augustin ab, und Lohmeier ergänzte: »Die haben uns ja nicht besetzt, sondern zuerst befreit und dann geliebt.«

»Und was ist mit den Preußen?«
»Die lieben *wir*«, verkündeten Lohmeier und sein geistlicher Freund wie aus einem Mund – mit süßsaurem Gesicht. »Denn mit den Preußen sind ja schließlich auch die schönen Preußinnen gekommen«, fügte Lohmeier hinzu. Das war wohl charmant.
»Aber gegen die Österreicher waren die Wolpertinger. Wo bleibt da die gute alpenländische Nachbarschaft?«
»Seit der Sendlinger Mordweihnacht von 1705«, sprach der Bruder dumpf in den Lärm, »da war es aus mit der Freundschaft. Seither sind übrigens nachweislich keine Wolpertinger mehr in Österreich gesehen worden. Die Kaiserlichen haben sich aufgeführt wie die Vandalen. Die Aufständischen ergaben sich mit den Rosenkränzen in der Hand, und trotzdem haben die Österreicher sie gnadenlos niedergemetzelt. Das war unverzeihlich.«
»Und die Wolpertinger haben inzwischen wohl den bayerischen Herrscher beschützt?«
»Ach wo, der hat sein Land verloren und hat flüchten müssen. In Höchstädt anno 1704, im August, haben ihn die Wolpertinger, die beim bayerischen Heer sozusagen als Frühwarnsystem, ähnlich wie die Gänse auf dem Capitol, eingesetzt waren, sogar im Stich gelassen. Kein Wunder, nach der grauenvollen Verfolgung der Tiere in den Jahren zuvor. Der Max Emanuel wollte ja unbedingt König werden und für seine Krönung hat er sich anstelle von einem Hermelinmantel einen aus den Fellen von Wolpertinger-Albinos gewünscht. Ein Blutbad hams' angestellt, seine Leute, grad wie die Robbenschlächter in Kanada. Seitdem gibt's so wenig Wolpertinger. Dabei hätte gerade dieser Herrscher dankbar sein müssen. Ohne die Spezialsalben aus Wolpertinger-Fett, für die sich besonders königstreue Tiere gerne geopfert haben, hätte dieser Mensch doch niemals den Lebenswandel führen können. Dagegen sind die heutigen Playboys wahre Sexmuffel.«
»Mein Gott, zu allen Zeiten sind Frauen scharenweise auf mächtige und reiche Männer geflogen«, wandte ich ein. Das war mir nun doch zuviel Zauber.

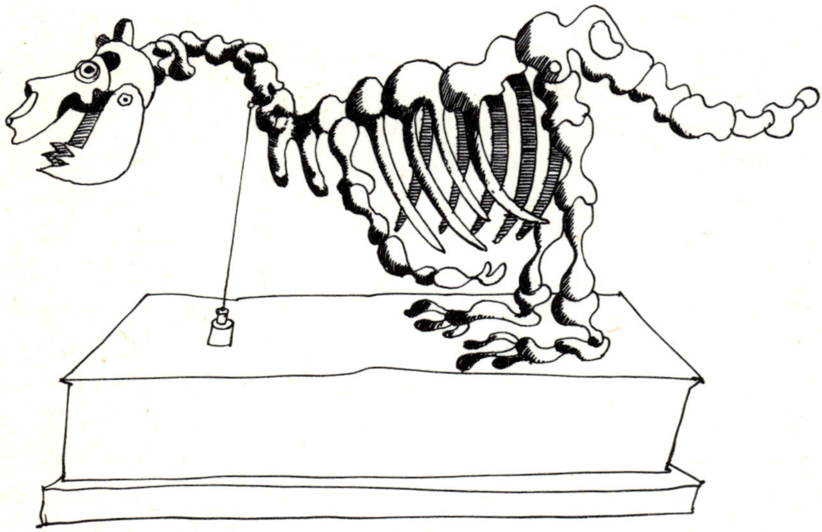

»Bei dem war's anders«, beteuerten meine Begleiter. »So greislich wie der ausgesehen hat mit seinem Habsburger Gsicht hätte der niemals so viele Eroberungen machen können. Seine zweite Frau, die polnische Prinzessin Therese Kunigunde, wollte damals 1694 auf der Stelle wieder nach Warschau zurück, als sie ihn nur gesehen hatte. Später hat sie ihn doch mögen.«

»Warum? Weil der Mensch im Bett Übermenschliches geleistet hat. Und da ist nachgeholfen worden, was sonst!«, beantwortete Lohmeier selbst seine Frage.

»Dann war wohl bei Ihrem König Ludwig I. auch das berühmte Fett im Spiel. Der König soll ja schon über 60 gewesen sein, als er sich unsterblich in Lola Montez verknallte, wenn ich das richtig nachgelesen habe.«

»Sie haben völlig richtig gelesen. Die Lolita mit ihren 22 Jahren, blaue Augen, schwarzes Haar, eine Figur wie die Jane Mansfield«, Bruder Augustin kam richtig ins Schwärmen, »dieses Traumweib war so begeistert von dem 62jährigen, daß sie nach der Ausweisung anno 1848 noch einmal wiedergekommen ist, um ihn in die Schweiz zu locken. Das ist weder Moral noch normal, oder?«

Und Lohmeier schloß: »Das königliche Mensch, das war schon ein Superzahn.«

»Der königliche Mensch«, verbesserte ich, aber die beiden winkten nur ab und hörten mir nicht mehr so recht zu. Lohmeier rutschte mehrmals mit den Ellbogen von der Tischkante, und Bruder Augustins Zunge wurde schwer.

»Glauben Sie nicht«, sagte er langsam, »die Wolpertinger hätten immer nur Männern geholfen. Die Agnes Bernauer, die 1435 in Straubing fünf Vaterunser lang in die Donau getaucht worden ist, die ist beispielsweise von Schwimmwolpertingern gerettet worden. Das weiß bloß bis heute niemand, weil niemand auf uns zwei hört. Die hat noch lange unerkannt friedlich und glücklich gelebt. Und wissen Sie, warum diese bildschöne Person aus einem Augsburger Massagesalon damals gerettet wurde? Weil sie das Geheimnis der Öle und Salben dem bösen Schwiegervater nicht verraten hat.«

»Genau«, sagte Lohmeier, »die Beate Uhse würde auch ihre Rezepte nicht verraten.«
»Aus der Donau gerettet? Warum haben denn die Wolpertinger eigentlich nicht auch Ihren schönen König Ludwig II. aus dem Starnberger See geholt?«
»Erstens weiß man nichts Genaues, zweitens, vielleicht haben sie gar net wolln. Die Wolpertinger haben wahrscheinlich schnell gemerkt, was die Märchenschlösser für einen schlimmen Touristen-Rummel in ihre Jagdgründe tragen werden.«
Mit den beiden war jetzt nicht mehr viel zu machen. Lohmeier legte seinen Kopf auf den Tisch, und Bruder Augustin stierte vor sich hin.
Schnell brachte ich noch meine letzte Frage an: »Immer wieder tauchten Wolpertinger in der Geschichte Bayerns auf. Wo waren sie eigentlich im Dritten Reich? War da keine Hilfe von ihnen zu erwarten?«
Bruder Augustin brauchte lange, bis er, immer wieder um Worte ringend, zu einer Antwort fand. »Tragisch, tragisch. Ein paar wenige waren im Widerstand. Die intelligenteren Tiere haben sich in die neutrale Schweiz abgesetzt. Andere sind in die innere Emigration, ganz hinten an den Königsee. Und ein paar«, zwei dicke Tränen rollten langsam über Bruder Augustins faltiges Gesicht, »ein paar Fehlgeleitete haben bis zuletzt an der Alpenfestung mitgebaut.«
»Manche bauen heute noch daran«, trumpfte Lohmeier noch einmal trotzig auf, »und wer weiß, für was wir so eine Alpenfestung in diesen schweren Zeiten noch brauchen können.« Fi

Ein Patriot funkt SOS

Eines merkte ich sehr schnell in diesen ersten Tagen im Alpenland: Was die Verteidigung ihrer Eigenarten angeht, so sind die Bayern bei weitem nicht alle gleich konsequent. Manche erlebte ich – das war vor allem in Schwabing –, wie sie in den Kneipen bei Bitburger Pils oder Kölsch den FC Schalke hochleben ließen und zu fortgeschrittener Stunde der Frage nachgingen, warum es am Rhein so schön sei, wenn sie sich nicht gerade erzählten, wie chic der letzte Urlaub auf Sylt wieder gewesen war. Befragte man sie, dann hießen sie Rolf oder Silke, lebten aber seit zwanzig Jahren in München, weil man »sonst doch nirgends leben kann, ich bitte Sie«. Außerdem beteuerten sie, daß sie die echtesten aller Bayern seien, was man schon daran merke, daß sie im Winter jedes Wochenende zum Skifahren gingen, und zwar »alle Mann hoch, da bleibt keen Auge trokken auf dem Berje«.
Ich hatte freilich schon recherchiert, daß es noch bayerischere Bayern geben mußte als sie, die Leute von der Bayernpartei etwa, oder einen gewissen Jagerwiggerl (komischer Name!) aus Kötzting, der manchmal die UNO gegen die Preußen zu Hilfe ruft – oder aber den Bernhard Ücker, der so eine Art Präsident des Bundes Bayerischer Patrioten zu sein scheint. In dieser Eigenschaft hält er jede zweite Woche im Bayerischen Rundfunk eine Feierstunde ab.
Gleich an meinem ersten bayerischen Samstag hörte ich seine Sendung, und die hatte sich gewaschen: Wenn ich mich recht erinnere, forderte Ücker, als ich einschaltete, gerade die ersatzlose Konfiszierung sämtlicher in Bayern erhältlicher Speisekarten und Kochbücher, in denen das Gericht »Eisbein mit Sauerkohl« aufscheine, weil der einzige dafür mögliche Ausdruck »Surhaxl mit Kraut« sei. Seine Schlußfolgerung lautete etwa: die Entwicklung fange mit Eisbein an und ende mit dem Schleifen des Maximilianeums, wo der Bayerische Landtag sitzt und die Vorarbeiten für Ückers politische Radio-Rundschau erledigt. Soviel war mir gleich klar, daß dies mein

Mann ist. Hatte es in jenem Kommentar der Abendzeitung, der zu meiner Reise hierher geführt hatte, nicht ausdrücklich geheißen, die sagenhaften Wolpertinger verteidigten – außer den Alpen – auch die gesamte bayerische Lebensart gegen ihre Feinde? Bei soviel Interessengleichheit mußten sie ja mit Herrn Ücker sozusagen Arm in Ärmchen kämpfen, und da mußte er sie doch auch kennen. Nichts wie hin!

Ich fand ihn im Funkhaus, wenn auch nicht gleich. Anfangs war ich stark verblüfft, als ich so erwartungsvoll durch die vielen Gänge und Flure schritt, um meinen Gewährsmann zu suchen, und jedesmal, wenn ich zu einer Frage anhub, die merkwürdigsten Reaktionen auslöste. Ich sagte immer: »Lieber Herr, ich bin Heike Brink vom Hamburger *magacin* und ich wüßte so gerne, wo . . .«, aber immer wenn ich so weit gekommen war, wurden die Angesprochenen ganz blaß und liefen schnell davon. Merkwürdigerweise begannen manche von ihnen noch im Weglaufen ganz laut etwas zu rufen, wonach ich sie überhaupt nicht gefragt hatte, zum Beispiel: ». . . und da habe ich gestern erst in der Konferenz zu Herrn Programmdirektor gesagt, ganz recht, Herr Programmdirektor, in der Tat sollten wir jetzt endlich wieder einmal ein Interview senden mit dem tüchtigen Herrn Bayerischen Wirtschaftsminister, wo wir doch schon tagelang keines mehr gesendet haben.«

Natürlich traute ich meinen Ohren nicht so recht, aber wenigstens die ersten Male glaubte ich doch noch, meine Herren Ansprechpartner hätten mich nur nicht richtig verstanden. Dann traf ich einen netten Jungredakteur und nahm nochmals einen Anlauf. Als ich begonnen hatte mein Sprüchlein aufzusagen, wurde er zur Abwechslung wieder einmal ganz blaß und sagte dann, mich schnell unterbrechend, mit fester Stimme, daß für Auskünfte an die Presse nur die Presseabteilung zuständig sei.

Es wurde mir jetzt zu bunt, so daß ich sagte: »Aber Sie wissen doch noch gar nicht, was ich will. Vielleicht suche ich nur das Damenklo.«

»Gerade auch für Auskünfte solcher Art«, antwortete er ganz

schnell, »und speziell gegenüber linken Hamburger Organen ist die Presseabteilung zuständig!« Danach beugte er sich vertraulich zu mir. Nur weil ich so nett sei, flüsterte er mir ins Ohr, wolle er mir verraten, daß sich gleich fünf Minuten von hier im Hauptbahnhof ein Damenklo befinde. Schnell lief er davon. Sehr viel später erfuhr ich übrigens, daß einige Monate zuvor ein Hauptabteilungsleiter beim Bayerischen Fernsehen auf der Toilette ein wichtiges dienstliches Gespräch geführt hatte, woraufhin es beinahe zu einem Prozeß mit dem Chefredakteur des Fernsehens gekommen wäre. Da dachte ich mir natürlich meinen Teil.

Na schön, nach eineinhalb Stunden hatte ich das richtige Büro dann doch gefunden – Kunststück, ich hatte ja alle abgeklappert. Ich sah mich einem netten, bebrillten Menschen gegenüber und erklärte ihm mein Anliegen. Begeistert war Herr Ücker natürlich nicht, als er es hörte. Immerhin, er war freundlich, warf mich nicht gleich hinaus und sagte nach einiger Zeit sogar, es sei ja auch egal, auf welchem Wege die Welt erfahre, wie schlimm es um die Unabhängigkeit des tapferen Bayernlandes stehe. Danach ging er erst einmal weg, nicht ohne mir einen Stapel Tonbänder in die Hand zu drükken. Die sollte ich mir mal anhören, dann wüßte ich schon seine Meinung zum Thema.

Es waren natürlich Bänder mit seinen eigenen Kommentaren zur bayerischen Landespolitik in einer gedrechselten Bildersprache, langsam und rollend vorgetragen, wie ein Gewitter am weißblauen Himmel. Der eigentliche politische Vorgang im bayerischen Landtag konnte dabei gar nicht so unbedeutend sein, daß dieser Ücker nicht weit ausholte zu einem Rundschlag in der bayerischen Geschichte und geradezu mit beiden Händen an der Wiederbelebung von Bayerns historischer Größe knetete und formte. Gebannt lauschte ich der sonoren Stimme auf dem Tonband*:

»Niemand stört es im harmonischen Konzert des europäischen Staatenorchesters, daß das kleine Holland ein eigenes Königreich

* Originalton Bernhard Ücker: nach »Schwarz-gold-liberal«, München 1976.

ist, aber das größere Bayern wird lauthals gescholten, wenn hierzulande nur laut über die auf dem traditionsträchtigen bayerischen Königshaus basierende Monarchie nachgedacht wird. Auch das kleine Österreich sieht seine Staats-Souveränität von niemandem gefährdet, nur wenn man in Bayern nicht deutsche Sprüche klopft, sondern auf die eigene Qualität des Freistaates pocht, wird man mit jenem lehensherrlichen Bierfilzlföderalismus altpreußischer Prägung auf eine Stufe gestellt. Wo aber einem Volk die seit gut tausend Jahren tragenden geistigen Kräfte föderalistischer Eigenstaatlichkeit fürstlicher Prägung als Nährboden seiner Bundestreue entzogen werden, da nimmt es nicht wunder, daß die Halbheiten bei der Bekämpfung von Schmutz und Schund, die anscheinend ungehemmte Zunahme volltrunkener Kraftfahrer und die steigende Kriminalität der Halbwüchsigen nur noch durch die Perversität einer schulischen Zwangsaufklärung für Minderjährige vollends ad absurdum geführt wird. Bayerns weithin europäische Geschichte umgreift den ältesten Staat Mitteleuropas und ein Land, in dem Staat, Kirche und Bürgertum eine Kultur gedeihen ließen, die mit ihren von Meisterhänden aus ganz Europa geformten Werken ein Spiegelbild dessen bietet, was wir die Kräfte des Abendlandes nennen. Statt sich zur politischen Entmachtung auch noch vom Zentralismus ausplündern zu lassen, muß Bayern seinen geschichtlichen Anspruch auf einen König ebenso geltend machen wie auf einen eigenen Außenminister. Und Deutschlands größter Flächenstaat hat ein souveränes Recht darauf, eigene Eisenbahnen zu unterhalten, aber keine Verpflichtung mit immer neuen Bergbahnen immer mehr Norddeutsche in immer größere Höhen zu befördern. Schließlich besitzt Bayern in München die größte deutsche Universität und die größte deutsche Bibliothek, obendrein die meisten klassifizierten Straßen und produziert beispielsweise 69 Prozent aller Kugellager oder 42 Prozent aller Photoapparate in Westdeutschland, was hinlänglich beweisen dürfte, daß es sich hier nicht um die Rudimente eines unterentwickelten Pfahlbauvolkes handelt. Was also ist denn so utopisch an unseren Gammelsdorfer Exclamationes, an dem

Aufschrei der bayerischen Seele nach jenen letzten um den Alpen-Freistaat gescharten Aufrechten, die der Überfremdung und dem Ausverkauf Bayerns die Zähne zeigen, unseren tapferen ...«

Ausgerechnet in diesem Augenblick, da sein Kommentar voll auf die Wolpertinger zulief, trat Ücker selbst wieder ins Zimmer. Er blickte mich so durchdringend an, daß ich ihm völlig verstört sofort in die Hand versprach, nach spätestens vierzehn Tagen freiwillig das Land zu verlassen, in Hamburg aber noch am Tage der Rückkehr einen Freundeskreis des Bundes Bayerischer Patrioten zu gründen, an dessen Club-Abenden wechselweise die bayerische Verfassung und die Kommentare von Bernhard Ücker gesungen würden.

Ücker schien erfreut darüber und begleitete mich zur Tür, als mir einfiel, daß ich eigentlich was von ihm gewollt hatte. »Also«, fragte ich, »wie ist das jetzt mit den Wolpertingern?«

»Das war doch nach aller Logik bereits in allen Kommentaren zwischen den Zeilen schon ausgesprochen«, sprach er da verwundert. »Der älteste Staat Mitteleuropas mit seiner mehr als tausendjährigen Geschichte hatte schon immer selbstverständlich auch seine eigene Flora und Fauna. Was erstere angeht, verweise ich auf den blauen Enzian, und für letztere steht in der Tat der Wolpertinger, der altpreußischen Zentralisten nie in ihren kleinkarierten Kopf gehen wird.«

Was dann folgte, war nochmals eine längere Vorlesung über die Notwendigkeit bayerischer Eisenbahnen, über die Nichtnotwendigkeit des Sexualkundeunterrichts, über die Überfremdung Bayerns und über den aussterbenden oder auch ausgestorbenen Wolpertinger als Symbol für den aussterbenden oder von Ausrottung bedrohten Bayern als solchen. »Der Wolpertingergedanke kämpft heute ums Überleben wie die Königsidee, die bayerische Eisenbahn und der Wald.«

»Symbol heißt also, daß der Wolpertinger was Allegorisches ist, eine Mystifikation, eine Erfindung?«

Das hätte ich nicht sagen dürfen, das war nämlich schon wieder eine typisch preußische Niederträchtigkeit.

»Ob der Wolpertinger eine Erfindung ist oder nicht, das ist keine Bundeskompetenz, sondern eine rein bayerische Angelegenheit! Und die geht eine Person aus Hamburg nicht das geringste an.«
»Aber ich wollte doch nur . . .«, wandte ich schüchtern ein, jedoch eine Debatte hatte Bernhard Ücker jetzt nicht mehr im Sinn. Er gab mir feierlich die Hand und sagte nur noch den klassischen Satz: »Bayern braucht Wolpertinger. Und selbst wenn es keine gäbe, bräuchten wir sie uns noch lange nicht von den Preußen wegnehmen zu lassen.«
Über den Satz dachte ich noch lange nach. rhy

Ein Intendant kommt zu spät

Im Großen Brockhaus findet sich zwischen Wologada, einem russischen Nest am Wologad-Fluß, und Wols Wolfgang, dem Berliner Maler, den bestimmt auch nicht jeder kennt, kein noch so winziger Eintrag über den Wolpertinger. Noch sonderbarer: Selbst Brehms Tierleben enthält keinen Hinweis auf das bayerische Tier. Nicht einmal das Red-Data-Book für gefährdete Tierarten verzeichnet ihn, obwohl das nach Lage der Dinge sicher angebracht wäre. In den bayerischen Schulbüchern fand der Wolpertinger auch keine Aufnahme. Im Kultusministerium am Salvatorplatz, wo ich deswegen ein paar knallharte Fragen stellen wollte, hat man mich mehrmals vertröstet. Nun ja, die Einstellung dieser Leute gegenüber dem *magacin* ist bekannt.

Um so froher war ich, als ich endlich den Mann traf, der das Standardwerk* über den Wolpertinger verfaßt hat und, was für mich vielleicht noch wichtiger ist, der ein Wolpertinger-Weibchen besitzt. Jedenfalls schreibt er das in seinem Buch. Bei dem Mann handelt es sich um Dr. Peter Kirein, einen Journalisten, der sich wegen seiner Wolpertinger-Forschungen in bestimmten Kreisen hier besonderer Wertschätzung erfreut und wahrscheinlich irgendwann einen Brunnen auf dem Viktualienmarkt erhält. So werden auf dieser Münchner Kartoffel- und Rübenwalhalla alle diejenigen Bayern geehrt, mit denen wir Norddeutsche nicht viel anfangen können.

Zuerst hatte mich Kirein ja mit der für einen Forscher typischen Bemerkung, »er habe den Ausführungen in seinem Buch nichts mehr hinzuzufügen«, abwimmeln wollen, aber dann erinnerte er sich offenbar an die ausgeprägte Kollegialität unter Journalisten und sagte mit der Bemerkung »bevor Sie einen rechten Schmarrn schreiben«, einem Treffen zu.

Nun saßen wir uns im »Franziskaner« gegenüber. Das ist nicht etwa

* Dr. Peter Kirein, »Der Wolpertinger lebt«, München, 1968.

ein Kloster, sondern eine berühmte Stätte bayerischer Gastlichkeit, wo man sich nach der Oper erholt und wo zwischen prominenten und gewöhnlichen Gästen säuberlich unterschieden wird.
Ich weiß nicht so recht, wie ich diesen Dr. Kirein einordnen soll. Er ist um die 40, schlank, groß, hat krauses Haar und wirkt einerseits mit seiner Brille und den feinen Zügen wie ein Geistesarbeiter, andererseits hat er eine so unverschämt gute Gesichtsfarbe, so eine entwaffnende Art und vor allem Hände wie ein Waldarbeiter. Irgendwie sieht er aus wie ein intellektueller Bergsteiger, vorausgesetzt es gibt eine solche Kombination.
»Jetzt bräucht man das Gebiß von einem Wolpertinger, dann wär die Schweinshaxn da vielleicht doch ein Genuß«, sagte Kirein jetzt, der sich offenbar zu ausgiebig von mir beobachtet fühlte.
»Ach ja, das berühmte Gebiß. Mit der Zahnformelreihe ist es Ihnen ja gelungen, den Wolpertinger zwischen Hermelin und Dachs einzuordnen, als letztes bisher unbekanntes Glied in der Familie der Marder.«
Kirein setzte die Gabel mit dem aufgespießten Knödelstück wieder ab. Er war sichtlich überrascht über meine Kenntnisse. Nun, wir Reporter vom *magacin* sind es gewohnt, uns gründlich vorzubereiten. Und so hatte ich schnell auf Tomkowitz' Rat hin Kireins Werk »Der Wolpertinger lebt« gelesen.
Und ich setzte gleich noch einen drauf: »Ihre Abstammungstheorie klingt aber nur in Teilen einleuchtend. Wenn der Wolpertinger tatsächlich ursprünglich in Schwarzafrika beheimatet war, dann hat ihn hier sicher das häufige Vorkommen von Gemsen, einer Antilopenart, an die afrikanische Fauna erinnert und ihm das Heimischwerden in Bayern erleichtert. Auch daß das oberbayerische Fleckvieh in der Fellzeichnung Giraffen ähnelt . . .«
»Und was ist nicht einleuchtend?« unterbrach mich Kirein, der nun beim Kartoffelsalat angelangt war.
»Nun, Sie schreiben in Ihrem Buch, der Wolpertinger habe als Nachttier gerade im Alpenraum vorwiegend Wilderer und Schmuggler, also Leute mit von berufs wegen geschwärzten Ge-

APOSTEL-
SCHMALZ

sichtern angetroffen. Dies, verbunden mit dem verbreiteten Auftreten von Patern und Landpfarrern, mußte nach Ihrer Ansicht den eigentlich afrikanischen Wolpertinger zu der Annahme verführen, in einem vorwiegend von Schwarzen bevölkerten Landstrich zu leben. Ich halte das zoopsychologisch für nicht so überzeugend wie Sie«, schloß ich meine vehement vorgetragene Ausführung.
»Also, das müssen Sie mir einfach glauben«, sagte nun der Autor leicht indigniert, »erstens bin ich außenpolitischer Redakteur und kenne Afrika, und zweitens arbeite ich bei einer schwarzen Zeitung; das spricht doch beides dafür, daß ich etwas von Schwarzen verstehe. Sie können natürlich auch die Theorie von Herrn Däniken übernehmen. Der glaubt nämlich, daß der Wolpertinger vor ein paar tausend Jahren von außerplanetarischen Besuchern mitgebracht wurde – als deren Haustier.«
Wir führten dann noch ein ausgedehntes Gespräch über Kireins Pläne, den Wolpertinger durch sorgfältige Zucht in Bayern wieder stärker auszubreiten. Das würde, so Kirein, dem bayerischen Pelzhandel eine Sonderstellung sichern und den Kleintierzüchtern zu einer »lukrativen Freizeitbeschäftigung verhelfen«.
Während des Gesprächs war ich mehrmals auf das Wolpertinger-Weibchen zu sprechen gekommen, das der Forscher in seiner Wohnung hält. Aber ich bekam nur höchst ausweichende Antworten. Irgendwie verhielt er sich in diesem Punkt wie ein eifersüchtiger Liebhaber, der seinen Schatz vor der Konkurrenz zu verstecken sucht. Schließlich wurde ich direkt: »Sie haben doch sicher nichts dagegen, wenn ich morgen mit Johnny, meinem Fotografen, zu Ihnen komme, um ein paar hübsche Aufnahmen von Ihrer Wohnungsgenossin zu schießen, natürlich nehmen wir Sie zusammen aufs Bild. Und Sie wissen, beim Honorar läßt sich das *magacin* von niemandem schlagen . . .«
»Geht nicht, nein, nein, nein. 's Fotografieren mags' überhaupt nicht. Und Fremde schon gar nicht. Die ist sehr bissig.« Kirein winkte energisch ab. »Höchstens wenn Sie allein auf einen kurzen Sprung vorbeikommen, aber ich weiß nicht, ob das gut ist«.

Nun, ich vermied vorübergehend das heikle Thema. So drehte sich unser Gespräch hauptsächlich um den angeblich haarwuchsfördernden Speichel der Wolpertinger. Als der Forscher meine Skepsis bemerkte, zog er umständlich mehrere sorgfältig gefaltete, schon etwas brüchig gewordene Schreiben aus der Brieftasche.
»Alles Dankschreiben aus der Zeit, als meine Aurora noch jung war und guten frischen Speichel hatte. Hören Sie, was ein sehr prominenter Mann hier schreibt. Sie kennen ihn bestimmt.« Und er las vor:
»Lieber, verehrter Dr. Kirein,
Sie haben mir Lebensmut und Lebensglück zurückgegeben. Und den Erfolg bei Frauen, ohne den ich nicht sein könnte. Meine Geheimratsecken wurden schon so deutlich, daß sich bereits intellektuelle Weiber an mich heranmachten. Nun ist wieder alles ok. Nur mein Friseur in St. Tropez glaubt immer noch, es käme von seinen teuren Haarwässerchen.«
»Gunter Sachs?«, fragte ich zögernd.
Kirein lächelte und sagte nur: »Der Scheck war sehr großzügig. Ich habe ihn ans Bayerische Rote Kreuz weitergegeben.«
»Dieser Brief stammt von einem führenden bayerischen Politiker.« Er machte eine kleine Pause. »Hören Sie, da heißt's: ›Wissen wir doch beide, wie sehr in der Politik das Äußere, das Äußerliche zählt. Gerade auch für einen Landesvater, der von einem Landessohn so stürmisch bedrängt wird. Ich glaube, Sie können meine große Dankbarkeit ermessen . . .‹«
»Mein Gott, Alfons«, sagte ich nur.
Den nächsten Brief reichte mir Kirein zum Selberlesen herüber. Er war sehr schwierig. Ich habe ihn deshalb schnell abgeschrieben. Da stand:
»Dem gelübden Rädder der Oberammergauer Pasionsspüle.
Liber Spezi, verährder Dokda. Wie du fielleicht in den Zeidungen schohn gelähsen hasd, isd alles gud gegangen. Die drei Abostl, wo einfach der Bard nichd mehr waxen wollde, und den Hohen Prüsder habe ich mit deinem Middel noch scheen hingeholfen. Und niemand

hat es gemerkd. Am liebsden wirde ich es allen sagen, was für ein Hund du bisd, aber du hasd es ja ferboten. Ich werde aber beandragen, daß du zum Reservechrisdus ehrenhalber und auf Läbenszeid ernannd wirsd. Auserdem habe ich ein halbs Duzend stülle Messen einschreim lasn. Mit der selbigen Posd gehd auch ein Dragel Ettaler Kloster-Lüköhr an dich ab.

Mid furchdbahrem Dangg

Dein Bartl, Frisöhr und Maskenwart.«

Das war ja nun überzeugend, wenn ich es recht verstanden hatte. Der scharfe Wolpertinger-Speichel konnte also tatsächlich Verhärtungen in den Talgdrüsen des menschlichen Haarbodens auflösen und auch Bärten zum Weiterwuchs verhelfen.

»Ja, und dann kommt der Fall vom Intendanten Meisel.«

»Kurt Meisel, was soll denn das, der sieht ja aus wie Kojak persönlich, wie haben Sie dem geholfen?« fragte ich ungläubig.

»Das war ja das Tragische. Er kam zu spät. Der Haarboden war schon zu stark verödet. So was von Verzweiflung. So haben sie ihn auf der Bühne noch nicht gesehen, ehrlich.«

Es war inzwischen kurz vor Mitternacht geworden, Kirein schaute mich irgendwie komisch an. Ich glaube, ich gefiel ihm immer besser. Als wir uns vor meinem Hotel verabschiedeten, lud er mich tatsächlich in aller Form zu sich in die Wohnung ein:

»Bis morgen Abend, aber ohne Fotografen. Sie wissen ja, meine Aurora.«

Dann drückte er mir Küßchen auf beide Wangen und verschwand mit der Bemerkung: »Ihren Johnny brauchen wir bestimmt nicht.«

Im Bett überlegte ich noch lange: Was nützte es mir, wenn ich das Tier sehen konnte, wir es aber unseren Lesern nicht zeigen können. Sir Henry würde sich gewaltig über mich lustig machen. Da reifte in mir ein Plan. Obwohl es schon so spät war, rief ich noch Johnny an . . .

Fi

In Forscher-Händen

Der Kastanienbaum stand ziemlich genau gegenüber der Wohnung Kireins – und Johnny saß mittendrin unterm Blätterdach auf der Lauer, das überlange Teleobjektiv im Anschlag.
Es hatte einiger Überredungskunst bedurft, ihn dorthin zu locken. Er wollte zuerst nicht glauben, daß er nicht mit in die Wohnung durfte, hatte sogar vorgeschlagen, mit einem Nachschlüssel einfach in Kireins Heim einzudringen. Aber das ging mir nun doch zu weit. Andere Kollegen sollen ja nicht soviel Skrupel haben.
Um fünf Uhr morgens, als die Straße im Münchner Norden noch still war, hatte Johnny unter viel Wehklagen und mit meiner tatkräftigen Unterstützung den Baum unbemerkt erstiegen . . . Wir hofften Kirein vielleicht beim frühen Morgenspaziergang mit Aurora, seinem Wolpertinger-Weibchen, zu erwischen, vielleicht aber beim gemeinsamen Frühstück auf dem Balkon »schießen« zu können.
Leider rührte sich zunächst nichts. In der Wohnung darunter ließ sich zwar ab und zu ein junges Mädchen blicken, aber ansonsten blieb alles still.
Ich stieg wieder einmal aus dem Auto und begab mich unauffällig unter Johnnys Hochsitz. Diesmal schimpfte er, was man als *magacin* – Reporter neuerdings alles auf sich nehmen müsse: »Friher, wenn sie noch großzigig gewesen seind in Hamburg, haben sie gleich ein ganzes Haus gemietet, wo der Fotograf kann auf der Lauer liegen. Und heute mechten Sie mich auf dem Baum sitzen lassen wie einen Affen. Mit der deitschen Presse geht's bergab.«
Gegen elf Uhr öffnete sich bei Kirein leise die Balkontür, und die ständig hin- und herwehenden Vorhänge hielten Johnny in gespannter Aufmerksamkeit. Gegen 11.30 Uhr verließ der Journalist das Haus – allein.
Es war vielleicht zehn Minuten später, als sich plötzlich Schulkinder unter dem Baum versammelten. Sie warfen mit Steinen und Holz-

stücken in die Äste, offenbar um an Kastanien heranzukommen. Ein kurzer Aufschrei sagte mir, daß Johnny getroffen und entdeckt worden war.
Die Kinder wiesen aufgeregt nach oben; ich sprang aus dem Auto, um sie zu verscheuchen, da kam ein älterer Mann hinzu: »Ja, den schaug o, was tuat denn der da drobn? Saubär, schaugt dem Madl ins Fenster nei. Geh doch in Englischen Garten, Lurer greislicher, oder fahr in d'Pupplinger Au, da gibt's Nackerte gnua, und de san vielleicht froh, wenn s' oana fotografiert. Ja, mir Rentner wenn net aufpassn tat'n«.
Johnny stieg hastig und ächzend vom Baum. Immer mehr Leute versammelten sich. Ich trat hinzu und sagte mit fester Stimme: »Der Kollege hier ist ein bekannter Spezialist für Tieraufnahmen ...«
»Von der Biene da drüben, gell«, sagte ein vorlauter Junge. Sofort wurde der alte Mann wieder wild und fuchtelte mit seinem Spazierstock herum.
»Sie, mit dem Hacklstecka hob i 1945 scho an amerikanischen Flieger obagholt – von meiner Oidn, verstengan S'. Verschwinden S' bloß. Mir in Bayern rupf ma unsere Henna selba.«
Wir eilten zum Auto und brausten davon. Johnny war sauer. Nur um ihn zu beruhigen, stimmte ich schließlich zu, bei meinem abendlichen Besuch bei Kirein eine Minikamera mitzunehmen. Johnny glaubte, ich könne Kireins Wolpertinger vielleicht heimlich ablichten. Er selbst erklärte sich bereit, den Abend im Auto auf der Straße zu verbringen. Ich sollte unauffällig die Vorhänge der Wohnung öffnen und mit dem Wolpertinger im Arm kurz ans Fenster treten oder noch besser auf den Balkon gehen. Dann käme er zu seinem Schuß und die Geschichte sei gelaufen.
Der Abend bei Dr. Kirein begann überraschend. Er führte mich nämlich ohne Umschweife ins Schlafzimmer. Dort zeigte er auf einen Hundekorb, in dem nur ein paar Spielsachen lagen, und sagte bedauernd: »Aurora ist ein bißchen Gassi gegangen. Ist halt ein Nachttier. Sie kommt aber nach zwei, drei Stunden wieder.«
Die zweite Überraschung war anderer Art. Zwei Stunden saßen wir

gemütlich über Kireins köstlichem Selbstgekochten: Artischocken, Lammkeule mit Bohnen, rote Grütze. Der Mann hatte für einen Bayern wirklich Lebensart. Mir tat nur Johnny im Wagen leid. Weisungsgemäß hatte ich unauffällig die Vorhänge aufgezogen. Die Kamera lag schußbereit in meiner Handtasche.

Auch nach der zweiten Flasche Rotwein dachte ich ständig krampfhaft an den eigentlichen Grund meines Herkommens, schließlich war ich trotz des sehr privaten Rahmens im Dienst. Beim Nachtisch lenkte ich daher das Gespräch auf die Sexualgewohnheiten der Wolpertinger. Ich hatte zwar darüber schon in Kireins Buch gelesen, aber es war richtig aufregend, wie es mein Gastgeber erzählte.

»Zweimal im Jahr werden die Weibchen hitzig. Dann beginnen die Männchen Blüten abzubeißen und tragen sie vor den Bau.« Kirein schob die Blumenvase mehr auf meine Tischseite.

»Eine ungeheure Unruhe überfällt die Wolpertinger.« Kirein stand auf und lief durchs Zimmer. »Die Männchen huschen wild umher. Die Grannenhaare sträuben sich. Sie schlagen mit den Branten aufeinander.« Nun winkelte Kirein die Arme ab und schlug sie zur Demonstration aneinander.

»Die Weibchen wetzen schon erwartungsfroh ihr Hinterteil auf blanken Steinen.« Unwillkürlich begann ich ein bißchen auf meinem Stuhl zu rutschen.

»Um den Weibchen zu imponieren«, die Stimme Kireins wurde fast ein bißchen heiser, »springen die Männchen hoch in die Luft oder sie schlagen Purzelbäume.« Kirein sprang und rollte herum; es sah bei ihm als Wissenschaftler überhaupt nicht komisch aus.

»Je später der Abend, um so mehr steigert sich der Zustand der Wolpertinger zur Raserei.« Kirein nahm schnell einen Schluck.

»Wo es möglich ist, wälzen sich die Männchen im Quarzsand, in der Hoffnung, ihrem Fell ein glitzerndes Aussehen zu geben.« Schon hatte er sich seines Jacketts und seiner Krawatte entledigt und führte mir auf dem Teppich den Liebeswälzer der Wolpertinger vor.

Dann probierten wir ihn zusammen. Als wir etwas außer Atem aufstanden, küßte mir Kirein artig die Hand: »Die Ranzzeit ist die schönste Zeit für den Wolpertinger«, sagte er und blickte mir lange in meine blauen Augen. »Die Weibchen sind von größter Zärtlichkeit in dieser Zeit.«
Er küßte mich erneut auf die Hand, dann in die Armkehle, auf den Oberarm, auf die Schulter, den Hals, die andere Halsseite, die andere Schulter, den anderen Arm, die andere Hand. »Gestattest du noch eine Runde«, fragte er zärtlich und plötzlich im vertrauten Du.
»Ja, Peter«, sagte ich. Mir war schwindlig. Der Wein, die Ranzerei, die animalischen Vorführungen. Ich glaube, jedermann kann das verstehen. Mein Gott, wenn ich dran denke, wie unnahbar ich sonst auf Recherche sein kann. Vielleicht hing es auch mit dieser verflixten Geschichte zusammen.
»Mit Vorliebe ranzen die Wolpertinger auf den nach einem heißen Sommertag nachglühenden Gipfeln.« Kirein riß mich aus meinen Gedanken.
»Glühende Gipfel«, sagte ich leise. Mir wurde heiß. Ganz automatisch und wie in Trance knöpfte ich langsam meine Bluse auf. Kirein stand schon ohne Hemd da und stieg nun auf einen Stuhl.
»Von oben schauen die Wolpertinger zu den wartenden Weibchen herunter, sie taumeln über die Abhänge – wie berauscht, und wenn sie einen Rivalen sehen, schlagen sie ihm die Fangzähne in den Nakken.« Kirein war wieder bei mir und biß mich zärtlich in den Nakken.
Wir standen am Fenster, und er flüsterte in mein Ohr: »Schließlich sind sie Mardertiere, voller Blutdurst.«
Wir küßten uns lang und innig.
»Später«, Peter faßte mich am Handgelenk, »zieht dann der Sieger mit der willig folgenden Fähe zum Bau. Der Kessel wird zur Liebeslaube.«
Irgendwie kam mir der Text bekannt vor. Wahrscheinlich zitierte er nur aus seinem Buch. Ganz egal, die Atmosphäre war jedenfalls

verteufelt erotisch aufgeladen. Wir strebten dem Schlafzimmer zu. Ehe wir in die Betten sanken, registrierte ich im Halbdämmer noch, daß Auroras Körbchen nach wie vor leer war.

Später, bei einer gemeinsamen Zigarette, gestand ich Peter, daß zuerst mein Interesse eigentlich nur seinem raren Tier gegolten habe. Das habe sich aber gründlich geändert.

Darauf meinte Peter mit belegter Stimme, er müsse jetzt wohl auch ein kleines Geständnis ablegen. »Ich habe die Aurora schon vor zwei Jahren am Königsee freigelassen. Sie war so schrecklich besitzergreifend. Und so eifersüchtig. Außerdem ist sie von dem Großstadtleben immer trauriger geworden. Du hättest ihren Blick sehen sollen.«

Mir wurden die Augen feucht. Jetzt fühlte ich mich hereingelegt.

Schnell sagte Peter: »Bei mir galt halt das Interesse gleich dir.«

In diesem Augenblick flog ein Steinbrocken durchs offene Fenster, rollte durchs Zimmer und polterte gegen einen Schrank. Wir schreckten hoch. Unten brauste ein Auto davon. Der Stein war in einen Fetzen Papier gewickelt. Peter nahm das Papier, strich es glatt und las langsam vor: »Habe ein paar Aufnahmen gemacht. Aber von sowas hat das *magacin* schon genügend Bilder. Gute Nacht, Johnny.«

Fi

Herr Maier hat Angst beim Elfmeter

Wenn es etwas gibt, wovon ich gar nichts verstehe, dann ist das – von den Wolpertingern mal abgesehen – der Fußball. Ich will das auch gar nicht verstehen. Diese verschwitzten Männer, die sich ununterbrochen küssen und umarmen, nur weil sie mit den Füßen eine Lederkugel irgendwo hingeschubst haben: also ich weiß nicht!
Aber leider kann ich mir meine Arbeit ja nicht danach aussuchen, was ich mag oder nicht. Gestern habe ich in einer dieser Münchner Kneipen, wo die Leute immer aufeinanderhocken, als gäbs Geld dafür, also da habe ich den Satz aufgeschnappt, der FC Bayern befinde sich »in einer unerklärlichen Krise«. (Das gibt's auch nur hier, daß ein Fußballclub so heißt wie ein ganzes Land. Von einem FC Nordrhein-Westfalen hab ich noch nie was gehört.)
Wenn ich aber in diesen bayerischen Tagen das Stichwort »unerklärlich« hörte, dann versetzte mir das sofort einen elektrischen Schlag. »Ob da vielleicht . . .« dachte ich mir und war schon unterwegs.
Sehr viel erfahren konnte ich anfangs nicht. Der erste, der mir draußen in der Säbener Straße über den Weg lief, war ein Mensch mit einem eisgrauen Bart, der einfach die Pfeife nicht aus dem Mund nehmen wollte, da konnte mit ihm reden, wer wollte. Der Mann hatte im übrigen seine Schiebermütze so merkwürdig ins Gesicht gedrückt, fast als sollte man ihn nicht erkennen, und erklärte mir gleich, daß er jetzt überhaupt keine Zeit habe, weil er mit einem wichtigen Spieler zu arbeiten habe.
»Sie wissen ja, die Krise, da muß man sich doppelt anstrengen.«
»Aha«, sagte ich, »Sie sind also der Trainer und üben mit der Mannschaft Pässe schlagen.« Ich war sehr stolz auf mein Vokabular, das ich mir vom Aktuellen Sportstudio gemerkt hatte.
Er schaute mich an, als ob ich direkt vom Mond eingeflogen wäre. »Pässe schlagen? Was interessiert mich denn der Fußball? Damit ist doch gar kein Geld zu machen momentan. Nein, bei Cosmos brau-

chen sie jetzt auch noch einen Stürmer – und wenn ich den Gerd dafür interessieren kann, dann bin ich wieder mit 10 Prozent dabei. Wo er doch eh schon so gut Englisch spricht: erst gestern hat er ganz deutlich ›aut‹ gesagt, wie er den Ball daneben geschossen hat, aber vielleicht hat es auch nur ›au‹ geheißen.«

»Auf Wiedersehn, Herr Schwan«, wollte ich in diesem Augenblick sagen, weil ich jetzt schon wußte, mit wem ich redete und daß man sich in der Gesellschaft dieses gefeuerten Managers hier nicht sehr beliebt macht, aber dann fragte ich ihn doch schnell, als Experten, ob die Probleme der Bayern womöglich mit dem Wolpertinger zu tun haben.

»Wo soll der spielen«, sagte er schnell, »ist er Mittelfeldspieler? Und wie hoch ist die Ablösesumme?«

Er rannte so schnell er konnte zum Telefon, meine Antwort wartete er gar nicht mehr ab.

Dabei hätte ich so gern gewußt, was eine Ablösesumme ist.

Nachmittags ging ich auf den Trainingsplatz und fragte mich zu einem gewissen Dettmar Cramer durch, der angeblich der Trainer der Mannschaft ist. Nachdem ich ihn gefunden hatte, was gar nicht so leicht war, weil das Gras ziemlich hoch stand, nahm ich meinen ganzen fraulichen Charme zusammen, was aber nicht viel nützte.

»Wolpertinger?« Herr Cramer legte sorgfältig seine linke Augenbraue in einen rechten Winkel und antwortete dann etwa so: »Fußball ist eine Wissenschaft, bei der es vor allem darauf ankommt, daß die eine Mannschaft häufiger an den Ball kommt als die andere. Ich habe das schon 1962 ausgeführt vor einem Kongreß puertoricanischer Fußballehrer. Übrigens habe ich dabei zurückgegriffen auf Erkenntnisse meines französischen Kollegen Baron de Montesquieu, der in seinem Standardwerk vom ›Geist der Gesetze‹ . . .«

»Montesquieu hat über Fußball . . .?« Jetzt war ich doch verblüfft.

»Selbstverständlich«, unterbrach mich Herr Cramer scharf und hielt dann inne, weil ihm plötzlich wieder einfiel, wovon eigentlich die Rede gewesen war.

»In einem höheren Sinne auf jeden Fall«, fügte er dann hinzu, »insofern sich im Fußballspiel das gesamte Leben irgendwie zusammenbündelt.«

»Aha«, sagte ich ein bißchen irritiert, eine Gelegenheit, die mein Gesprächspartner blitzschnell zu einem forschen Ausfall nutzte.

»Wo soll ihr Herr Wolpertinger seine sogenannten Erkenntnisse publiziert haben?« fragte er mit schneidender Ironie. »Vermutlich im Altöttinger Liebfrauenboten.«

Da ich schon wieder nicht wußte, wovon die Rede war, verabschiedete ich mich höflich, ging ein paar Schritte zurück – und lief einem älteren Herrn in die Hände, der die ganze Zeit neben der Wiese gestanden war und unsere Gespräche dazu benutzt hatte, dem Spieler Müller zu erklären, wie man einen Kopfball ansetzt.

Ob er denn vielleicht das Gefühl habe, daß der Wolpertinger schuld sei am Niedergang des FC Bayern, wollte ich wissen.

»Ja sowas«, mußte der Herr da furchtbar lachen, »i hob ja wirkli scho an Haufn Spitznamen ghört für unsan Trainer, aber Wolpertinger no nia. Obwoi – eigentlich paßt er ganz guat.«

Ich merkte jetzt direkt, wie der Weißhaarige einen Augenblick stutzig wurde, fast erschrocken. »Ob er am End wirklich oaner is?«

Dann faßte er sich wieder: »Na, des gibts ja doch net. Des woaß ma ja von de Wolpertinger, daß de überall volla Hoar san. Und unser Trainer hat ja sogar am Kopf koans mehr!«

»Ich hatte eigentlich auch nicht geglaubt ...«

»Na, schuid an unsana Krisn is erstens der Zeitgeist, der hat ja bekanntlich auch den Franz nach Amerika vertrieben, und zwoatens natierlich die Bonner Regierung. Erst gestan hob i nach dem Flutlichtspiel unsan Auswechselverteidiger gfragt, warum er in da 85. Minutn seim Außenstürmer net nochglaffa, ich meine: nachgelaufen, verstehngans, is. Wissen S', wos a gsogt hat?«

Ich wußte es nicht.

»Daß er erst 18 Jahr is, hot er gsagt, und daß er deswegn nach 21 Uhr 30 unters Jugenschutzgesetz fallt. Also gsagt hat er's net direkt, aber denkt – der Sozialist, der greislige.«

Der Herr schimpfte noch längere Zeit weiter und verwies auf die Zeit, wo er noch Maurer in Straubing gewesen war und so fleißig, wie sich das heute überhaupt kein Mensch mehr vorstellen könne, und daß die Bonner demnächst den FC Bayern verbieten wollen, weil es ihnen nicht passe, daß eine Mannschaft aus dem katholischen Süden so erfolgreich sei, und daß er, wenn er wieder neue Leute engagiere, in Zukunft streng auf den Radikalenerlaß achten werde, sowie darauf, daß bei den Herren auch sittlich alles in Ordnung ist, newa. Leider konnte ich beim besten Willen nicht herausbringen, mit wem ich da eigentlich gesprochen hatte, auffällig war nur, daß alle Spieler, sobald sie in seine Nähe kamen, sich augenblicklich zu Boden warfen und versuchten, seine Füße zu küssen.
Ich wollte schon gehen, da zupfte mich jemand vorsichtig am Ärmel.
»Ich hab alles mitanghört«, sagte er, »das mit dem Wolpertinger.«
»Und – wissen Sie wenigstens was?«
»Mein Gott«, antwortete er, »ich bin ja nur der Torwart, da kriegt man nicht so viel mit. Aber komisch ist des schon, jetzt, wo ich drüber nachdenk!«
»Um Gottes willen, was denn? Reden Sie doch.«
Da erzählte mir der junge Mann, der vorgab, Maier zu heißen (wahrscheinlich fürchtete er sich, seinen wahren Namen anzugeben in diesem autoritären Verein), daß unlängst sein Kollege Hoeneß einen Elfmeter in Kaiserslautern habe schießen müssen, beim Stande von 1 : 1. Hoeneß sei angelaufen, habe ausgezogen ...
»Und?«
»In dem Moment, hat er mir später erzählt, is a ganz kleine Pfotn aus dem Boden gekommen und hat den Ball ein ganz klein wenig auf die Seite geschubst. Da hat er ihn nicht mehr voll getroffen – und aus wars.«
Natürlich war ich jetzt schrecklich aufgeregt: »Wissen Sie sonst noch irgendwelche Fälle?«
»Ich trau mirs fast net sagn«, antwortete er, »aber wenn ich selber einen Elfmeter halten soll, erwisch ich fast nie einen, obwohl ich

doch einer der besten Tormänner der Welt bin. Des is so: ich schau auf den Ball, plötzlich bewegt sich irgendwas auf mich zu, sowas Schwarz-Weiß-Geflecktes oder was Grau-Gestreiftes, und ich hecht mich natürlich danach – und dann is des gar nicht der Ball gewesen, sondern der geht in die andere Eckn. Und i schau dumm aus der Wäsch!«

Ob er denn schon einmal was dagegen unternommen habe, will ich wissen.

Einmal habe er sogar versucht, das Tier zu fangen, sagte der sogenannte Herr Maier traurig, mitten im Olympiastadion, vor 40000 Leuten. Die Kreatur habe von hinten wie eine Ente ausgesehen, von vorne eher wie ein Hase, und er habe sich danach geworfen . . .

»Aber Sie haben es natürlich nicht erwischt?«

»Erwischt nicht, aber verschreckt«, antwortete er resigniert – »und von da an hab ich 20 Elfer hintereinander durchgelassen. Freilich nur bei Heimspielen.«

Wir redeten dann noch ein bißchen hin und her, was denn wohl der Grund sein könne für dieses Eingreifen des merkwürdigen Geschöpfs gegen die hochbezahlte Mannschaft des ruhmreichen FC Bayern, während gleichzeitig die viel billigeren Löwen des TSV 1860 einen so unerwarteten Aufstieg erlebten. Mein Gesprächspartner sagte, er könne das auch nicht verstehn, wo der Club doch mit dem Fußballspielen in aller Welt soviel Ehre eingelegt habe für die Stadt München und für das Land Bayern.

Ein Journalist, der grade vorbeiging und diesen letzten Gesprächsfetzen noch aufgeschnappt hatte, sagte: »Genau Sepp, zum Beispiel in Magdeburg schwärmen sie heute noch von euch, wie ihr damals euer eigenes Essen mitgebracht habt, weil ihr Angst gehabt habt, die Magdeburger würden euch vergiften.«

Da ging der Sepp schnell weg und schaute nur noch, ob der weißhaarige Herr von vorhin hoffentlich nicht gesehen hatte, daß er gelacht hatte bei dieser Bemerkung des Kollegen. Das darf man bei Bayern nämlich schon deshalb nicht mehr, weil die Presse an der

Krise schuld ist und daran, daß der arme Beckenbauer nach Amerika hat auswandern müssen und gleichzeitig auch in die Schweiz, damit ihm das Finanzamt sein schmales Gehalt nicht noch wegnimmt.

Einige Tage später war ich dann selbst im Stadion und habe die Bayern spielen gesehen. Sie liefen ziemlich langsam herum, die meisten Spieler schoben den Ball immer zu ihren Kameraden zurück, und überhaupt war alles furchtbar langweilig. Hinterher ließ ich mir von einem Fachmann erklären, was die Spieler in den eineinhalb Stunden so ungefähr verdient hatten.

Da ging mir ein kleines Licht auf. rhy

Der W. als Modekönig

Eigentlich war ich auf das Fest nur wegen des Kollegen Graeter mitgekommen. Er hatte versprochen, ich würde dort den Mann treffen, der den Bayerischen Verdienstorden deshalb bekommen hat, weil er sich um die Erhaltung des Wolpertingers verdient gemacht hat. Seine Fans werden verzeihen, aber es ist nur eine Anmerkung für die Bewohner einzelner Alpen-Seitentäler: Michael Graeter ist der führende Gesellschaftskolumnist und verkehrt nur mit den importantesten Persönlichkeiten Münchens und der übrigen Welt.
Der Mann mit dem Orden, den ich kennenlernen sollte, heißt Alfred Wurm und ist Direktor der Münchner Modewochen, was ihn nicht daran hindert, auch in den verbleibenden 50 Wochen in der Münchner Gesellschaft unheimlich präsent zu sein.
Eigentlich nimmt er ja eine echte Spitzenposition unter Michaels Creme-Kunden ein. Hinter dem Filmproduzenten Luggi Waldleitner, der gut zu Journalisten ist, rangiert Don Alfredo, wie man Wurm auch nennt, in Michaels neuem Jahrbuch der Reichen, Schönen und Unentbehrlichen gleich an zweiter Stelle mit 32 Nennungen – weit vor Leuten wie Karl Friedrich Flick oder Aloisius Hingerl. Ich war ehrlich richtig gespannt auf ihn.
Auf dem Fest selbst, das zu Ehren eines Adeligen aus der Streichwurstbranche gefeiert wurde, war eigentlich nur der Anfang so wie bei einem Fest bei uns in Hamburg. Es wurde viel und vorsichtig geküßt. Bussi hier, Bussi da, Küßchen von einem, Küßchen für eine und andersrum. Im Schlepptau von Michael hatte ich Gelegenheit, so ziemlich alle besseren Parfüms der Welt zu schnuppern.
Schon bald fiel mir auf, und das war nun schon ganz anders als bei uns in Hamburg, daß unendlich viel Adel auf dem Fest vertreten war. Michael sagte etwas von 800 Metern Freitreppe, 4 Tagwerk schlagbaren Brennesseln und mehreren Jahren St. Adelheim (was wohl so eine Art Internat ist), die hier versammelt seien. Ich war richtig beeindruckt.

Ein junger Mann, der eher wie ein drauf und davon als ein von und zu ausschaute und dem ich bei einer vornehmen Rempelei am kalten Büffet begegnet war, reagierte richtig empört, als ich ihn fragte, ob er mir den Gastgeber zeigen könne: »Ich bin Monty von Lüftelhausen, mir schmeckt's hier, und der Gastgeber, wer immer der Mann sei, kann happy sein, daß ich sein Fest quasi schmücke.« Es gab aber auch ein paar einfachere Leute. Die hießen schlicht Bayern und waren ziemlich normal. Einen nannten sie Etzel, den anderen Poldi. Andere hießen nur Preußen, was ich in München besonders ulkig finde.
Aber wie schon gesagt, der Adel dominierte. Ein ganzes Rudel Hohenzollern tollte umher, Land- und Stadtbarone und eine Prinzessin von Großlappen sogar.
Vermutlich, damit sie nicht so nackt dastehen, haben sich die Bürgerlichen mit Michaels freundlicher Hilfe auch Adelsprädikate zugelegt, die inzwischen respektiert werden. So traf ich zwischen Leberknödelsuppe und Gansbraten eine Boutiquen-Fürstin, einen Immobilien-Zaren, einen Antiquitäten-Mogul, einen Klopapier-König, einen Nachtclub-Prinzen und last not least einen Zweitfrisuren-Monarchen, die sich hier mit Erben und Erbinnen, Töchtern, Söhnen und Lieblingssöhnen, Vorsitzenden, Konsuln, Ministerialen, Fabrikanten und einem gewöhnlichen Professor ein Stelldichein gaben. Andere waren schlicht Stars auf ihrem Gebiet, (zum Beispiel alle 50 anwesenden Anwälte), Idole, Asse, Topleute halt, wenngleich Michael jammerte, daß der Kaiser und Brigitte jetzt doch sehr fehlten. (Und der neue Münchner Spitzen-Kardinal komme ja leider nicht zu jedem Fest.)
Das ist auch wieder so ungewöhnlich für diese Stadt. In Hamburg stecken nämlich nur die Golfer beieinander, oder die Banker, oder die Friseure. Alle ganz für sich. Hier in München aber läßt man ruhig Schrott auf Holz und Geld zu Geist.
Natürlich war auch die ganze Aufmachung anders. Es war schließlich ein bayerischer Abend. Das kommt aber nicht daher, daß München zufällig in Bayern liegt, nein, bajuwarisch ist hier fast dauernd

in, und so war auch Champagner aus Maßkrügen erlaubt. Alle Leute trugen natürlich Tracht. Herrliche Roben, zum Teil noch viel schöner als die bei den Trachtenumzügen, die man hierzulande noch sehen kann. Tolle Stickereien, viel Leder natürlich, in allen Farben, besonders auffallend die gold- und silberbestickten Hosenträger, sogar Smokings im Juhu-Look waren zu sehen. Die Frauen trugen gewaltige Dirndl, oft mit langen Röcken. Ich muß sagen, diese Dirndl sind ein höchst feminines Kleidungsstück, wenn man nur an die Dekolletés denkt; außerdem kommen sie bei geschickter Kleiderordnung auch den Damen sehr zupaß, die nicht so übermäßig ausladend gebaut sind.

Es war nicht leicht, an Alfred Wurm heranzukommen. Ständig umringten ihn wichtige Persönlichkeiten beiderlei Geschlechts aus dem veröffentlichten Leben. Eigentlich kein Wunder, denn Wurm ist immerhin der Mann mit den meisten Maßanzügen Münchens; er badet dreimal täglich, hat gletscherfarbenes Haar, das bei festlichen Anlässen gern noch leicht fönwarm von Vidal Sassoon ist, er trägt Eminence-Wäsche und hat 35 Paar Seidenstrümpfe im Schrank. Sie nennen ihn deshalb Mode-Cäsar oder bescheidener den Davidoff der Münchner Haute couture (112, 97, 107). Alles Dinge*, die ich von Michael weiß.

Don Alfredo trug an diesem Abend einen fabelhaft stilisierten Mohair-Trachtenanzug von Dietl, das ist hier der Star-Schneider, und war anfangs ein klein wenig ungehalten, als ich ihn ansprach, weil er sich gerade lebhaft aber doch vornehm-dezent mit einem Nobel-Gastronomen über die richtige Größe von Eiern unterhielt. Natürlich ging es nicht um gewöhnliche Eier, das käme hier niemandem in den Sinn, sondern um Störeier – die Korngröße von Kaviar halt. Erst als Michael dazu kam, einen geschmacklosen Witz erzählt und Wurm mein Anliegen erklärt hatte, leuchteten dessen Spaniel-Augen kurz auf, und er erwies sich von nun an als charmant und pressefreundlich, was in Hamburg in solchen Kreisen auch nicht gerade alltäglich ist. Wie war das nun mit dem Verdienstorden?

* Originalton Michael Graeter, Abendzeitung München.

»Also, zunächst darf ich bescheiden vorausschicken, daß ich einer der wenigen echten Münchner bin, die es zu mehr gebracht haben als zum Straßenbahnschaffner. Aus kleinsten Anfängen heraus!« begann Wurm. Schnell griff er sich noch ein Häppchen Kalbshaxe, ehe wir uns in eine stillere Ecke zurückzogen.
»Ich habe den Orden für meine unbestrittenen Verdienste um die Mode bekommen. Ohne mich wäre diese Stadt München nach wie vor ein modisches Niemandsland. Und alles aus kleinen Anfängen heraus ...«
»Es ist also nicht richtig, daß Sie wegen der Wolpertinger ...«, unterbrach ich den Modepapst von der Isar.
»Geduld, nur Geduld, Mademoiselle. Das hängt doch alles zusammen.«
»Mode und Wolpertinger, eigenartig«, warf ich ungläubig ein. Nun klärte mich Alfred Wurm darüber auf, daß es selbst mir als Hamburgerin nicht entgangen sein könne, daß die Bayern, wenn auch schon kein Naturvolk mehr, zumindest ein Bergvolk seien. »Und die Menschen in rauhen Gebirgsgegenden kleiden sich bekanntlich am liebsten in Haut und Haar der heimischen Tierwelt, in Pelze und Felle. Was lag da in unserem Alpenland näher als ...«
Wir wurden kurz unterbrochen, denn ein bekannter Jet-Setter, der schon zweimal in Frankfurt zwischengelandet ist, schüttelte Wurm die Hand. Ich bekam unversehens wieder meine zwei Küßchen.
»Es ist schon eine geraume Zeit her«, fuhr Wurm fort, »Karajans Kupferarmreif war gerade groß im Schwange und Elefantenhaar out, da tauchte auf einem Fest die Ehefrau eines Sägemehl-Grafen aus der Reichenhaller Gegend mit einem Kropfband aus Wolpertinger-Fell auf. Bei der nächsten Party ließ sich bereits ein bekannter Ziegelbaron mit Wolpertinger-Krawatte bewundern, der Konsul von La Paloma, sie kennen ihn wahrscheinlich, trug ihn schon am Mantelkragen. Abgesehen davon, daß die Verarbeitung schlecht war, schlug in diesem Augenblick mein bayerisches Herz ...«
Don Alfredo küßte noch ein paar herbeieilende Damen durch, ehe er fortfahren konnte.

»Stellen Sie sich vor, wie das weitergegangen wäre. Gunter hätte sich bestimmt einen Wolpertinger-Anorak bauen lassen und Curd vielleicht einen Kimono.«

Wurm legte eine Kunstpause ein, wohl um die Wirkung abzuwarten. Dann sagte er lässig mit einer souveränen Geste:

»Nun, schließlich ist man ja Modepapst. Ich erklärte kurzerhand, um die totale Ausrottung unserer Wolpertinger zu verhindern, den aufkommenden Trend zu blödem Schnickschnack. Habe dafür Loden und Trachtenmode groß ins Gespräch gebracht. Sie erinnern sich sicher an den gesellschaftlichen Durchbruch der Lodenkleidung, der hier durch mich seinen Ausgang nahm und inzwischen via Hamburg und Berlin Singapur erreicht hat.«

Ich war baff. So war das also gewesen. Da verdiente er seinen Orden wirklich. Und die geschonten Tiere hatten sich offenbar schon revanchiert: Wenn man an den unaufhaltsamen Aufstieg des Alfredo W. zum Münchner Modekönig denkt. Fi

Das Geheimnis von Kreuth

Es ist wirklich unglaublich, was sich die Bayern ständig an Vorwänden fürs Biertrinken ausdenken. An einem Sonntagvormittag war ich in München zu einer großen Rede des bekannten Vorsitzenden der CSU eingeladen. Erwartungsvoll ging ich hin, nicht ohne mein dunkles Schneiderkostüm angelegt zu haben – man weiß ja, was sich gehört, wenn einer das Abendland rettet. Aber wer beschreibt meine Verblüffung, als ich mich plötzlich in einer Art Oktoberfest wiederfand. In Hamburg wird mir das wieder keiner glauben, aber die Rettung des Abendlandes fand wirklich in einem Bierzelt statt in München-Fürstenried: mit der Blaskapelle Herrsching und sehr viel Festbier, der Liter zu 3.80, und noch mehr Trachtenanzügen. Vor Strauß redete übrigens jener Herr Kiesl, von dem die Herrschaften im Biergarten schon gesagt hatten, er sei zweifellos ein Wolpertinger, das war aber vermutlich nur ein Scherz.

Die Veranstaltung dauerte furchtbar lang, und es wäre vermutlich ganz trist geworden, wenn ich nicht Herrn X. kennengelernt hätte. Und das ging so: Unter dem Tisch bekam ich plötzlich einen Tritt an den Fuß. Natürlich schaute ich erst mal damenhaft-pikiert auf mein Gegenüber, aber dann merkte ich schnell, daß er mich nicht in meiner Eigenschaft als Sexualobjekt angestoßen hatte, sondern in meiner Eigenschaft als Journalistin. (Ich hatte so ein Presseschildchen am Revers meines Schneiderkostüms, mit Namen und Zeitung. Der Mann hatte einen Trachtenanzug an und etwas schrecklich Verstörtes im Blick. Er schaute mir lange und ernst in die Augen, dann gab er sich einen Ruck.

Ob ich das furchtbare Geheimnis der CSU kennenlernen wolle, fragte er.

»Aber gewiß doch«, gab ich schnell zurück in meiner munteren Hamburger Art, »gibts denn da eines?«

»Kommen Sie mit raus«, flüsterte er heiser, »hier kann man nicht reden.«

Draußen konnte er es zuerst auch nicht so gut, jedenfalls verstand ich wenig, weil er so kehlig artikulierte und das auch noch hinter vorgehaltener Hand, aber dann hörte ich immer wieder das Wort »Kreuth« heraus, und da wurde ich dann doch hellhörig: Für was ist man Reporterin eines Weltblattes.

»Geheimnisvolle Mächte treiben ihr Unwesen mit uns«, stieß er jetzt mehrmals fast richtig hochdeutsch heraus, »is gar net anders zu erklären.« Er war kurz vorm Heulen.

»Jetzt beruhigen S' Ihnen doch«, sagte ich sehr mütterlich (und merkte erst nach einer Weile, daß ich auch schon das Idiom der Einheimischen benutzte), »erzählen S' lieber ganz langsam, der Reihe nach.«

Und wirklich, er erzählte – und wie.

Er sei, müsse ich wissen, einer von den 50 Parteifreunden und Abgeordneten, die damals in Wildbad Kreuth versammelt gewesen seien, in der historischen Stunde. So herrlich sei das gewesen, als ihnen FJS erklärt hätte, wie alles zusammenhängt, und am schönsten sei gewesen, wie sie ihre weltpolitische Verantwortung verstanden hätten. Jedenfalls die meisten hätten sie verstanden, obwohl sie doch der Vorsitzende mit keinem Wort in ihrer Entscheidung beeinflußt habe, außer daß er manchmal gefragt habe, ob sich jetzt wirklich noch einer aufstehen traut und für den Kohl reden und daß der dann gleich den Kohl fragen soll, ob er von dem das nächste Mal einen Wahlkreis bekommt. In dieser Atmosphäre des Vertrauens hätten sie dann auch abgestimmt, geheim natürlich und mit dem überwältigenden Ergebnis von 30 : 18 für eine selbstständige CSU-Fraktion, mit ein paar Enthaltungen.

»Ich hab extra«, sagte Herr X. noch, »einen Zettel für die Abstimmung hergenommen, auf dem man den Stempel mit meinem Namen hat sehen können, damit der Franz Josef auch weiß, auf wen er sich verlassen kann.« Und wirklich, wie alles vorbei war, habe er ihm ganz freundschaftlich auf die Schulter geklopft und gesagt, er verstehe ihn schon. Am Abend, sagte Herr X., habe er mit Frau X. die Frage besprochen, ob sein Smoking noch gut genug sei für den Tag,

an dem er feierlich in sein neues Amt als stellvertretender parlamentarischer Geschäftsführer der CSU-Fraktion eingeführt werde.
»Ja, und dann?« fragte ich.
»Dann stellte sich heraus, daß die Leute in meinem Wahlkreis einfach nicht verstehen wollten, was unsere Zeit von ihnen verlangt. Überall bin ich hingegangen in den nächsten Tagen und habe den Parteifreunden erklärt, wie historisch alles ist und daß ich aus sicherer Quelle weiß, daß der Herr Kohl einen gar nicht so entfernten Verwandten hat, der schon mal bei einer Demonstration mitgewirkt . . ., ich meine, das sagt doch alles, mit so einem kann man doch nicht länger . . .«
»Weiter«, verlangte ich.
»Die Leute haben nichts kapiert«, sagte er betrübt, »sie haben immer nur gesagt, daß sich der Sozi die Hände reibt, wenn der Christ sich streitet, und daß man sich schon überlegen muß, ob so einer wie ich noch einmal kandidieren darf als Abgeordneter.«
Er machte eine lange Pause, seufzte dann tief und sagte: »Aber das war noch nicht das Schlimmste!«
???
»Das Schlimmste war, daß wir alle einer Sinnestäuschung zum Opfer gefallen waren. Überall im Lande waren nun solche Parteiversammlungen, alle Freunde standen Rede und Antwort, die das auch in Kreuth getan hatten. Und was, glauben Sie, haben die ganzen Kollegen gesagt?«
Ich sagte, ich wüßte es nicht, aber er werde es mir schon anvertrauen.
Er schaute mich tieftraurig an: »Fast alle die Kameradinnen und Kameraden haben gesagt, daß sie schon immer für die unverbrüchliche Treue der beiden lieben Unionsschwestern zueinander gewesen sind und daß sie mit Helmut Kohl in die Schule gegangen sind, wo er auch schon so ein anstelliges Kerlchen war wie heute, und daß sie selbstverständlich in Kreuth vehement gegen jede spalterische Idee waren – mit Wort und Stimmzettel.«
Das kam mir nun doch merkwürdig vor, und das sagte ich auch.

»Merkwürdig, ja merkwürdig«, murmelte Herr X. »Meine letzte Hoffnung, daß sich alles noch aufklären würde, war dann jener denkwürdige Dezember-Donnerstag in der Münchner Lazarettstraße, wo uns FJS noch einmal alle um sich versammelte. Jetzt, dachte ich mir, muß sich alles aufklären, müssen alle Lügengespinste zerreißen – und ich werde belohnt von meinem geliebten Vorsitzenden, weil ich ihm durch dick und dünn die Treue gehalten habe.«

»Das hätten Sie auch wirklich verdient«, sagte ich, selbst schon ganz aufgeregt.

»Ach Gott«, sagte Herr X. nur – und fuhr fort mit seiner Erzählung. »Also, der Vorsitzende ist hereingekommen, hat uns noch einmal die weltpolitische Lage erklärt, hat auf die Abweichler geschimpft, welche die Idee von Kreuth verraten haben, hat ihnen gesagt, wenn sie so weitermachen, dann schmeißt er alles hin ...«

Es muß, wenn ich Herrn X. glauben darf, furchtbar aufregend gewesen sein in diesen Minuten im Saal der Hanns-Seidel-Stiftung. Schon seien einige bayerische Staatsminister leichenblaß aufgestanden und hätten gemurmelt, sie müßten aufs Klo, schon hätten einige Mitglieder der Bonner Landesgruppe an eidesstattlichen Erklärungen herumformuliert, wonach sie gestern, heute und morgen hinter dem epochemachenden Kreuther Beschluß stünden und zwar unverbrüchlich. In diesem Moment habe FJS einen Zettel aus der Brusttasche gezogen und vorgelesen, was nun endgültig beschlossen sei. »Also«, habe er gesagt, »probier mas nomal mit der CDU. Der Kreuther Beschluß ist hiermit überlagert.«

Dann, so erzählte mir Herr X., habe Strauß furchtbar gelacht, den Staatsministern seien ihre persönlichen Referenten aufs Klo nachgelaufen mit der freudigen Botschaft, daß sie jetzt wieder herauskönnten, und statt denen seien dann die Abgeordneten rausgerannt, um die Fetzelchen hinunterzuspülen, in die sie ihre Treuegelöbnisse auf Kreuth zerrissen hatten. »Ich selber«, sagte X., »bin ganz langsam rausgegangen und hab felsenfest geglaubt, daß ich spinn.«

Als er die Geschichte so weit berichtet hatte, sagte ich zu Herrn X., daß ich auch glaube, daß ich spinn, und daß ich jetzt überhaupt nichts mehr verstehe. Da beugte sich der Mann ganz nahe zu mir her und versicherte mir, daß wir noch nicht spinnen: »Ich sage nur Telefonschnur.«

»Wie bitte?«

Ob ich mich erinnern könnte, wollte er nun wissen, daß an jenem historischen Freitag, als alles anfing, der Zimmermann so lange vergeblich versucht habe, den CDU-Vorsitzenden Kohl in Bonn anzurufen, um die ganze Sache mit ihm abzustimmen?

Ich sagte, daß ich mich an so etwas schon erinnern könne.

»Schaun Sie, damals wär alles noch zu retten gewesen. Der Zimmermann hätte dem Kohl erklärt, daß die Trennung sein muß, damit wir den Antichrist aus Europa vertreiben, und der hätte gesagt: ›Ja, wenn das so ist, dann bin ich dafür.‹ Wenn dann die ersten Zeitungsleute bei dem Helmut angerufen hätten und ihn gefragt hätten, was er denkt von der Sache, dann hätte er gesagt, das ist genau das Richtige in diesem unseren Lande und habe ich diese Strategie meinem Freund Zimmermann gerade auseinandergesetzt in dieser Stunde.«

»Und Sie meinen . . .?«

»Genau, nix wärs gwesen mit einer Rebellion, sondern alles wär friedlich und in Freundschaft abgelaufen, und hätten wir jetzt schon wahrscheinlich einen Landesverband in Schleswig-Holstein, und ich wär Generalsekretär. Wo ich doch im Fasching immer als Matrose geh!«

»Aber, warum«, wollte ich nun wissen, »hat denn der Zimmermann den Kohl nicht erreicht?«

»Hinterher«, sagte Herr X. mit verächtlichem Gesichtsausdruck, »hinterher hat es offiziell geheißen, daß die Leitungen so überlastet waren. Da kann ich nur lachen, kann ich da. Als ob die Wende in der deutschen Geschichte an der technischen Ausstattung des Postamts Rottach-Egern hätte scheitern können.«

»Sondern?«

»Zwei Tage später«, sagte X. und schnupperte vorsichtig in alle Richtungen, haben Arbeiter die Telefonanlage des Rottacher Seehotels zur Überfahrt repariert, wo sich die Herren aufgehalten hatten. Sie fanden zwei Kabel – und, was soll ich ihnen sagen: beide waren fein säuberlich durchgetrennt. Nur wenn man ganz genau hingeschaut hat, sagten die Arbeiter später zu mir, hat man an den Rändern der Kabel ›so komische kleine Zacken gesehen, wie wenn eine Maus dran geknabbert hat; eine mit ganz feinen Zähnen‹. Wörtlich hat er es mir gesagt!«
Ich war wie vom Schlag gerührt, konnte eine ganze Weile nichts sagen. Als ich wieder aufschaute, sah ich grade noch, wie Herr X. aufstand, kurz an seinen Trachtenhut tippte und dann leise wegging. Ich konnte noch erkennen, wie er sich mit der rechten Hand über das rechte Auge wischte – dann war er verschwunden. Ich aber ging sehr nachdenklich nach Hause. Sollte wirklich der Wolpertinger seine Zähne im Spiel gehabt haben? Und wenn, was um Himmels willen hatte er gegen eine Verbreitung des Bayerntums auf Deutschland, Europa, die ganze Welt? Ich konnte es mir nicht erklären.
Im Hintergrund hörte ich aus dem Festzelt noch immer den Vorsitzenden Strauß reden, jetzt schon in der vierten Stunde. Er sagte gerade, die Bayern hätten heute »die historische Aufgabe, die letzten Preußen zu sein«.

rhy

Schwimmhäute ins Ragout

Es war eigentlich kein richtiges Buch, sondern nur ein fest verschnürter Pappendeckel mit losen Blättern, den Frau Kreszenz, die Pfarrersköchin von M., unweit von München, vom Grund ihrer buntbemalten Truhe holte. Mein Gott, wie war ich froh, daß sie sich endlich entschlossen hatte. Zweimal war ich umsonst gekommen, hatte ich ihr Vertrauen nicht gewinnen können, bis sie mich nun am Sonntagvormittag herbestellte, während drüben in der Kirche ein leftiertes Hochamt (ging wohl linksrum) stattfand.

»Heut ist eine gute Zeit, da hab ich ein Stünderl übrig für Sie, Fräun Brink. Ich muß nur sakrisch auf meinen Gansbraten aufpassen. Und daß Sie mich ja nicht aufbringen. Mein Herrn Pfarrer wär's nämlich nicht recht, wenn er wüßte, was wir da machen.«

Um sie nicht noch einmal wankend zu machen, faßte ich sie da an, wo alle Bayern ganz leicht zu kriegen sind: bei ihren patriotischen Gefühlen. Dazu mußte ich freilich ein wenig mogeln.

»Wissen Sie, verehrte Frau Kreszenz, in meinem Buch über die schönsten und exotischsten Rezepte aus aller Welt muß Ihre Heimat mit ihrer berühmten Küche unbedingt vorkommen. Das bin ich meinen Lesern schuldig; zwischen Bali und Botswana muß Bayern mit einem besonders seltenen und originellen Gericht vertreten sein. Daß es aus einer Pfarrküche kommt, wird hierzulande doch niemanden wundern.«

»Eines muß ich Ihnen aber sagen, das muß fein schon eine lange Zeit her sein, daß d'Leut bei uns Wolpertinger gessen haben; es gibt ja fast keine mehr oder vielleicht sinds gar schon ausgstorben. Ich glaub, ich selber hab als Kind noch einen kriegt. Bei der Hochzeit von meinem älteren Bruder selig hat's gheißen, das Hauptgericht wär ein Wolpertinger gewesen. Gut hat er gschmeckt, grad wie ein Rebhendl und ein Has zusammen. Direkt deliziös, das hätt man sogar einem Kranken vorsetzen können.«

Frau Kreszenz setzte sich ihre Brille auf, und bedächtig nahm sie

zwei eng mit der Hand beschriebene Seiten aus ihrer alten Rezeptsammlung.
»Eine schöne Schrift hats' ghabt, unsere Großmutter. Horchen S' was schreibt:
»Den W. verzehrt man am besten im Herbst. Man bevorzuge junge Tiere, die richtig mit der Hand gefangen wurden und nicht zerschossen sind. Ältere Tiere, die keinen guten Speichel mehr geben, nach Belieben beizen, am besten in Buttermilch, denn diese laugt weniger als Essigbeize.«
Da war er wieder, der ominöse Speichel. Ob die Pfarrersköchin sein Geheimnis kannte? Der Pfarrer, ich hatte ihn bei meinem ersten Besuch kurz gesehen, erfreute sich jedenfalls eines auffallend dichten Haarwuchses und buschiger Augenbrauen. Aber das mußte ja nichts sagen. Frau Kreszenz machte keine Anstalten, diesen Passus zu erklären. Ich selbst wagte nicht nachzufragen, um sie nicht mißtrauisch zu machen. Schließlich hatte ich mich als Kochbuchautorin bei der weitum bekannten Köchin eingeführt. Aber sie las schon weiter:
»Von einer Stelle am Bauch abgesehen, ist der W. arm an Fett, hat zartes Fleisch und ist bei gleichzeitigem Verkonsumieren von reichlich Bier leicht verdaulich. Junge Tiere sind an den scharfen Fangzähnen und an der weichen Schnauze zu erkennen.«
Aufschlußreich über Aussehen und Gestalt des Wolpertinger schien mir, was die Großmutter von Frau Kreszenz über das Vorrichten des Bratens geschrieben hat.
»Den W. an den Hinterläufen aufhängen, die Bauchseite der Köchin zugekehrt. Vom Schwanz an den Hinterläufen entlang bis zu den starken Gelenken die Haut aufritzen, das Fell um die Gelenke abschneiden und dann mit der Hand vom Fleisch lösen, über den ganzen W. abziehen. Vorsicht beim starken Nacken und bei eventuell vorhandenen Flügeln!«
An dieser Stelle verriet mir die Pfarrersköchin, daß früher die Felle gespannt wurden, um an der Luft zu trocknen. Man habe sie, sicher vor diebischen Händen und Kindern, in dunklen Speicherecken

aufbewahrt; in manchen Gegenden des Oberlandes sei der Balg unter den Dachfirst genagelt worden, um Unglück oder Unfruchtbarkeit fernzuhalten. Wie sich nach der Überlieferung überhaupt empfahl, bei der Zubereitung dieses Tieres das ganze Vorrichten noch vor dem ersten Hahnenschrei durchzuführen.
Doch weiter mit der Zubereitung: »Das Tier an der Bauchseite öffnen, das Blut in einer Schüssel auffangen, die Eingeweide herausnehmen, Leber und Herz herauslösen. Die Nieren bleiben im W. Das Tier vom Nagel nehmen, wenn nötig Schwanzfedern rupfen und die Stelle sengen. Kopf, Vorderläufe, Flügel und Bauchlappen und die bei den Wasser-W.s vorkommenden Schwimmhäute zum Ragout verwenden. Besondere Sorgfalt ist dem begehrten, hochwirksamen Bauchfett zuzuwenden. Behandlung und Anwendung auf Blatt 39.« Der Finger von Frau Kreszenz blieb ratlos auf dem Papier stehen.
»Wo ist denn dieses Blatt?« fuhr es mir heraus, denn meine Neugierde war in diesem Punkt nicht zu bremsen, wußte ich doch schon um die Zauberkraft des Wolpertingerfetts für die männliche Kraft und Steigfähigkeit dieses vitalen Bergvolks und damit auch für die Lebensqualität der weiblichen Bewohner des Alpenvorlandes.
Unbefangen suchte Frau Kreszenz in ihrer Blättersammlung – ich bin sicher, daß sie zumindest von der speziellen Wirkung richtig angewandten Wolpertingerfetts keine Ahnung hatte. Wie brauchte sie auch, als Pfarrersköchin? Blatt 39 aber blieb verschwunden. Es war wie verhext.
»Der Prälat Irxenböck hat sich's einmal ausgeliehen, vielleicht ist es bei dem rausgefallen«, grübelte Kreszenz.
Das Rezept für gebratene Wolpertinger kann ich nur noch unvollständig wiedergeben, da Frau Kreszenz die Rückkehr des Pfarrers befürchtete; sie sprach mehrmals von einer Wandlung, die schon eingetreten sei, aber nicht wo und bei wem; außerdem mußte sie nach dem Gansbraten schauen. Also immer mit der Einschränkung, doch etwas vergessen zu haben, muß das Rezept etwa so lauten:
»Fleisch feucht abreiben, salzen, den walzenförmigen Leib mit

Speck belegen oder spicken. In heißem Fett anbräunen, unter öfterem Begießen und langsamem seitlichem Auffüllen der Soße bei mittlerem Feuer garbraten. 10 Minuten vor Ende der Garzeit den W.-Braten mit Rahm begießen, etwas bräunen lassen, Fleisch herausnehmen, Bratensatz lösen, Soße gut binden, durchseihen, Garzeit etwa eine 3/4 Stunde, bei älteren W.s länger. Mit Preiselbeeren garnieren. Beilagen, wenn notwendig, Blaukraut und Kartoffelknödl« (Blaukraut sagen die Bayern zum Rotkohl).

Nachzutragen ist, daß man zum Braten eines W. mehrere Zwiebeln, Wurzeln, viel Liebstöckl, 1/2 Liter Flüssigkeit, 6 bis 8 Eßlöffel sauren Rahm und zum Binden ein paar Löffel Mehl nimmt. Aber wie schon erwähnt, diese Angaben sind vielleicht unvollständig. Als ich nämlich plötzlich so etwas Ähnliches wie das heisere Krähen eines alten Hahnes hörte, befiel meine Informantin eine auffallende Unruhe. »Ite missa est, jessas meine Knödl«, rief sie aus und bekreuzigte sich. Wahrscheinlich fühlte sie sich als Verräterin, denn mehrmals sagte sie zum hastigen Abschied, sie hätte mir das alte und geheime Rezept nie und nimmer zeigen dürfen.

Man kann sich meine Überraschung darüber vorstellen, was ich tags darauf von Gerd Käfer erfuhr, der in München ein Ein-Sterne-Lokal betreibt und hier allgemein als Gaumenkönig gilt: Auch er habe in seinem Besitz möglicherweise ein Wolpertinger-Rezept, meinte er herablassend, und zwar von einem französischen Fräulein, das als Hauslehrerin im Schloß seiner Ahnen tätig gewesen sei. Sie habe nach der Perigorder Methode dieses »Arme-Leute-Essen« (Käfer) zu einem wahrhaft fürstlichen Gericht hochgekocht und damit für feinste Zungen genießbar gemacht.

Diese Bemerkung weckte Interesse bei meinem Begleiter, dem bekannten Feinschmecker Wolfram Siebeck, bei dessen Eintreffen Käfers Personal vorübergehend panikartiges Verhalten an den Tag gelegt hatte. Wolfram beharrte im übrigen von nun an darauf, »Wolpärtaschee« bei Bocuse in Lyon schon einmal als Hors d'oeuvre gegessen zu haben. Erst viel später meinte er, es könne auch die Bahnhofsgaststätte in Berchtesgaden gewesen sein.

Egal. Für Käfers getrüffelten W.-Braten für 15 Personen braucht man folgende Zutaten: 2 Zwiebeln, 2 Mohrrüben, 1 Bündel feinster Kräuter, 2 Knoblauchzehen, 250 Gramm schieres Schweinefleisch, 200 Gramm frischen Brustspeck, 150 Gramm schwarze Trüffeln, 100 Gramm gekochten Schinken, 5 cl Cognac, 300 Gramm Maronen, das W.-Blut reichlich. Kochzeit über drei Stunden.

Kollege Wolfram bestand darauf, daß bei der Perigorder Methode unbedingt noch Gänseleber Verwendung finden müsse: »Deshalb hat Käfer eben nur einen Stern.«

Die Zubereitung erklärte mir Gerd Käfer so ausführlich und anregend, daß mir das Wasser im Munde zusammenlief. Wolfram dagegen hatte Bedenken, diesmal wegen der Höhe des Jus-Aufgusses und der Zusammensetzung der Farce. (»Wo bleibt da der typische Wolpertinger-Eigengeschmack?«).

Leider wird der Kollege zunächst wohl keine Gelegenheit haben, dieses Gericht bei Käfer zu testen, da es dem Restaurant noch immer nicht gelungen ist, an einen Wolpertinger heranzukommen – dies trotz bester Beziehungen zum Landwirtschaftsministerium, zur CSU, zum Jäger- und Züchterverband, sowie zu allen möglichen hochgestellten Persönlichkeiten im In- und Ausland mit Spitzenrevieren in Bayern, aus denen er beispielsweise »ständig mit frischen Gemseneiern beliefert wird«. Für wie naiv hält mich der Mann eigentlich?

Worüber sich Käfer verständlicherweise besonders ärgert, sind immer wiederkehrende Berichte, wonach es Wirten in der Jachenau und anderen Gebirgstälern ab und zu gelingen soll, einen Wolpertinger in den Topf zu bekommen. »Wenn ich daran denke, wie die den küchentechnisch versaun, wird mir ganz schlecht«, klagte der Gaumenkönig, der auf jeden Fall spätestens zum Ministerpräsidentenwechsel in Bayern ein Wolpertinger Jagdessen vorstellen will. Goppel hat ihm jedenfalls versprochen, mit seinem Rücktritt noch bis zu diesem Ereignis zu warten. Nur, ob Strauß so lange warten kann?

Anzufügen ist noch, daß Käfer auch auf Accessoires wie Hörndl,

Fell, Federn, Krallen und so weiter großen Wert legt, da er sie als besonders originelle Tischdekoration verwenden möchte.
»Vielleicht kann mir ein Wilderer zu meinem Glück verhelfen und schafft mir so ein Vieh herbei«, flüsterte Käfer, als er mir zum Abschied zwei Küßchen mit unaufdringlichem Trüffelgeschmack auf die Wangen hauchte. Kollege Siebeck aß nachdenklich sein trocken Brot zu Ende. Mich aber brachte das auf eine neue Idee . . . ein Wilderer?

Fi

Ein Jager für Jennerweins Grab

Der Girgl nannte mir gleich drei Gründe, warum er trotz seiner 54 Jahre noch wildert. Also, erstens weil es in seiner Familie immer der Brauch war, zweitens weil es ihn jung erhält und ihm Freude macht (Leidenschaft hat er nicht gesagt), und schließlich aus sozialen Gründen. Dazu muß man wissen, daß der Girgl ein Wirt im Schlierseer Tal ist, wo zur Hochsaison fünfmal soviel Touristen wie Einheimische leben.

»Was soll denn an einem Wilderer Soziales sein?« fragte ich, als wir zusammen im Auto saßen.

»Schauen S' her, Freilein. Wenn ich net ab und zu selba an Bock schiaß, dann muaß i für einen Rehschlegel mit Spätzle und Preiselbeeren wie in München draußen 22 bis 25 Mark verlangen. So aber kon i mit 19,50 DM kalkuliern. Wenn des net sozial is!«

Der Girgl schaltete das Licht ein, denn die Dämmerung zog langsam herauf. Dann lehnte er sich in seinem Mercedes zurück, so daß zwischen seinem Bauch und dem Lenkrad wieder etwas Platz wurde, und ließ die schwere Limousine weiter Richtung Bayrischzell rollen.

Ich hatte den wildernden Wirt beim Durchstöbern des Archivs des »Miesbacher Merkur« entdeckt. Mehrmals tauchten da Berichte über ihn, den Georg J., auf – Polizei- und Gerichtsberichte versteht sich. Es ging immer um Wildfrevel, aber beweisen konnte man ihm nichts.

Vor dem letzten Freispruch wollte der Richter mehrmals den Saal räumen lassen, so aufgeräumt ging es bei der Verhandlung zu. Der Girgl erklärte nämlich, der Bock sei in seinen Garten gesprungen und auf ihn losgegangen. Da habe er ihn »praktisch in Notwehr erschossen«.

Als ich den Mann für unsere Zwecke anheuern wollte, wehrte er zuerst energisch ab. Er wollte uns sogar glauben machen, im Schlierseer Tal gäbe es gar keine Wolpertinger mehr, da sie »praktisch Zivilisationsflüchtlinge« sind. Als ich ihm 300 Mark Honorar bot, meinte er immerhin, man könnte vielleicht doch versuchen, ein Exemplar zu fangen. Bei 500 Mark gestand er mir dann, daß er erst kürzlich wieder einen Kreiß, so heißen die Wolpertinger in manchen Alpentälern, bei einem Pirschgang habe schreien hören: »Wie ein Fremder, der das Jodeln probiert, hat es sich angehört.«

200 Mark Spesen mußte ich noch drauflegen, denn der Girgl sagte, er müsse noch ein altes Fanggerät, das von seinem Großvater stammte, renovieren lassen. Ich habe es im halbfertigen Zustand im Hof seiner Wirtschaft gesehen, da wirkte es wie eine umgestürzte Freilufttoilette. Sie wissen schon, diese Häuschen mit Herzen, die man noch zuweilen in Bayern antreffen kann. Die seien den Wolpertingern so vertraut, daß sie dahinter keine Falle vermuten.

»Es hätt ja aa no de Kombi-Falle gebn, woaßt scho – Fallgrube mit Schlingenmechanismus. Mit der hat ma d' Wolpertinger früher gfangt, wia s' as no massenweis gebn hat. Aber de brauch ma heit für de Jager.«

»Und Sie glauben, daß wir Glück haben? Immerhin gibt es Vollmond. Fallen wir da nicht auf?« fragte ich.

»Ja mei«, meinte der Girgl, »nix Genaues woaß ma nia. Mir müassn uns halt ganz staad zammaschmucken, daß ma koan Mondschatten werfa und net im Wind stehn. Vollmond is im übrigen guat für unsern Zweck.«

»Und wenn mir mechten auf einen Förster stoßen, der was eine Nachtstreife absolvieren kennte?« erkundigte sich Johnny, der bisher still im Fond des Wagens saß.

»Dann gilt der oide Wildererspruch: ›Je gschwinder, desto gsünder. Wie im Wilden Westen.‹« Der Girgl zeigte mit dem Daumen vielsagend nach hinten auf den Rücksitz, wo sein Stutzen mit selbstgebasteltem Schalldämpfer unter einer Decke lag. Mir lief es kalt über den Rücken.

Ich sagte unserem Helfer sofort, daß ich auf keinen Fall eine Schießerei möchte, aber so schnell ließ er sich nicht beruhigen.

»Schön wär's schon, wenn man einem Jager eine naufbrennen könnt wie in der guaten oiden Zeit. Dieses Jahr, wenn der gottselige Wildschütz Jennerwein sein 100. Todestag hat, muaß auf jeden Fall a Jager über seim Grab hänga. Zum 99. ham s' bloß an Gamsbock aufs Grabkreuz bunden. Aber zum Jubiläum muaß a Greana her, da huift alles nix. Des san ma eam schuldig.«

»Aber Sie können doch nicht einfach einen Jäger abknallen, nur um eine Grabtrophäe zu einem Wilderer-Jubiläum zu haben!« empörte ich mich.

Doch der Girgl blickte mich nur verständnislos an und sagte: »Es gibt ja sowieso z'vui. Der Wildschütz kon ja heutzutags seine gesellschaftspolitische Dings überhaupt nimma erfüllen, so groß ist der Jägerbestand. Gewissermaßen eine Überhege, und vor allem san s' alle unnütz. Wenn 's so vui Jager gibt, züchten s' allerweil no mehrer Reh und Rotwild her, damit's für alle langt. Und wenn de Viecher überhand nehma und net gschossen wern, dann fressen s' de Bauern den ganzen Wald zamm. Also müassn mir Wuiderer de Jager reduziern, weil's z'weng schiaßn. Früher war der Kampf gegen d' Jager no Selbstschutz, heit ghört's zum Naturschutz.«

»Gewiß mechten andere Journalisten auch schon versucht haben, mit Ihrer Hilfe an diese exklusiven Wolpertinger-Viecher heranzukommen«, lenkte Johnny von diesem makabren Thema ab, weil es aussichtslos schien, nachts im Wald eine Grundwerte-Diskussion mit einem Wilderer zu führen.

Der Wirt ließ sich lange Zeit mit der Antwort. Er mochte Johnny offensichtlich nicht; vielleicht waren es aber auch die vielen Kameras, die ihn störten. Wie leicht könnte da plötzlich ein Beweismittel auf dem Film sein!

»Bei mir hat no koana net gfragt und von Schurnalisten woaß i gar nix. Aber bei einem Spezi aus Bayrischzell hat amoi a Industriella von Recklinghausen draußen an Wolpertinger für seine Trophäensammlung bstellt, weil sie ihm auf der Jagd immer z'schnell und z'schlau waren. Wissen S', was die zwoa gmacht ham? Die ham dutzendweise Schlingen und Fangeisen ausglegt, die Banditen, nachdem s' mit der alten Methode nix erreicht ham.«

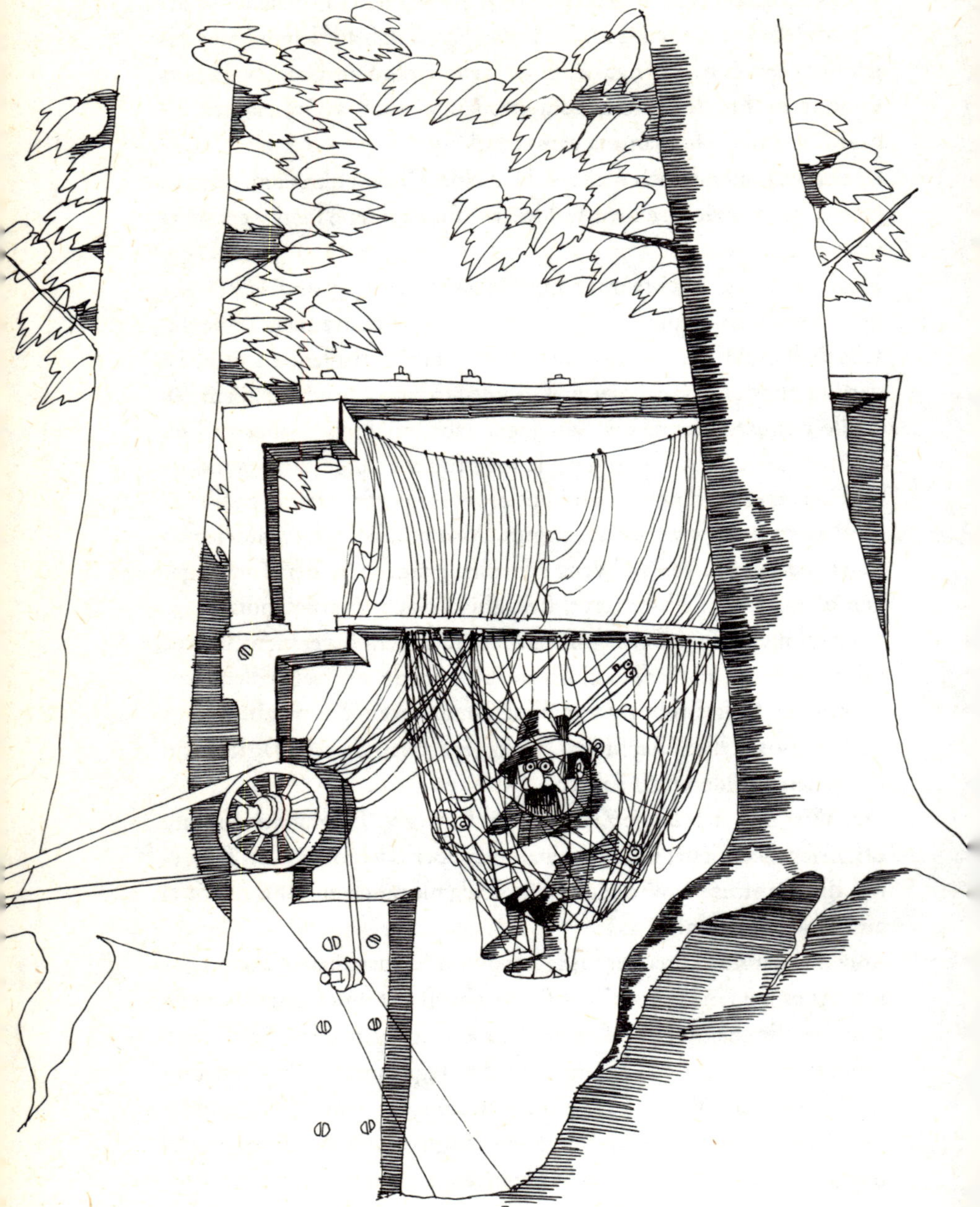

»Welche alte Methode?« fragte ich.
»Na ja, mit Sack und Kerzen halt. Außer a paar Mucken ham s' nix erwischt. Aber das Schärfste war dann, wia s' mit dem seim Jaguar mit aufblendte Scheinwerfer in einem Affentempo zwischen Bayrischzell und der Grenzstation vor Landl hin- und hergfahrn san. Überfahren wollten s' an Kreiß, die Deppen! Wissen S', was bei der Jagerei rauskemma is? Zwei Schmalreh, ein Hirschkalb, drei Hasen, an Haufen Kleinzeugs und an Kaplan samt seim Radl ham s' erwischt, bevor s' selber in Straßengraben neigrasselt san. In Minga Rechts der Isar san s' wieder zammgflickt worden. So fangt ma eben koan Wolpertinger – höchstens in der Narkose!«
Auf halber Höhe der Sudelfeld-Bergstraße bog der Wirt jetzt auf einen schmalen Weg ein. »Grad brav san s', die Straßenbauer vom Forst und von der Flurbereinigung. Heut brauchst für einen guten Schuß gar nimmer aussteign, weil s' überall de Feld- und Waldweg zu halberten Autobahnen ausbaun«, lobte der Girgl leise lachend. Es ging vorbei an einem Weiler und kurz darauf an dem etwas am Hang stehenden Ortler-Hof, schließlich fuhren wir noch den Berg hinauf und kamen bei beginnender Dunkelheit schnell zu einem Sattel. Dort parkten wir, um dann zu Fuß bis zum Waldrand zu schleichen. Girgl zeigte uns schon von weitem ein gut getarntes Gestell, größer als ein Schrank: unser »Häuschen«, die Wolpertinger-Falle. Der Wirt und ein Freund hatten sie die Nacht zuvor hergebracht.
»Da sitzen s' gern heroben, die Kreißl, weil da sehn s' und hörn s' nix von de vielen Autos, die wo durchs Tal brausen«, flüsterte der Girgl. »Und wenn die unser Fang-Häusl sehn, da können s' praktisch net widerstehn und schaun nei, weil s' unbandig neigierig san.« Seine Stimme wurde noch leiser: »Da is a Herz als Schlupfloch. Und wenn er drin is, der Kreiß, fallt a Klappn runter und zua is. Und de Tür kon ma sowieso bloß no von außen aufmachen, weil der Riegel innen scho lang abbrocha is.«
»Und wenn er sich beim Runterfallen verletzt?« meinte ich besorgt. »Wir wollen das Tier doch gesund und munter fangen.«

»Kann nix passiern, hab ich innen alles schön auspolstert. Aber pssst, Ruhe!« stieß der Girgl hervor, als wir gerade den Wagen verließen. »Ich hör was aus dem Kasten. Vielleicht hamma Glück!«
»Moment, wir werden ja missen unsere Gesichter schwärzen, wie's die Vorschrift sein mecht«, bremste Johnny.
»Meinetwegen, aber schnell! Romantiker, bluatige!« brummte unser Bayer, während wir uns dunkel schminkten. »I brauch net, weil i net so kasig bin wia ihr.«
Langsam pirschten wir uns dann am Waldrand entlang vor. Fahl leuchtete das Mondlicht und ließ alle Schatten gespenstisch erscheinen. Mir schlug das Herz bis zum Hals, als wir näherkamen. Der Fangkasten wackelte langsam hin und her. Offenbar waren uns bereits einige Prachtexemplare ins Netz gegangen, die jetzt in der Falle herumtobten. Sie hielten sich plötzlich ganz still; offenbar hatten sie unser Kommen bemerkt. Nur ein angestrengtes Schnaufen konnten sie nicht unterdrücken. Girgl gab mir vorsorglich seinen mitgebrachten Sack und die Taschenlampe. Johnny hielt seine Kamera ans Auge, Girgl stieß die Klappe am Herz hoch und ich leuchtete aufgeregt in den Kasten.
Unser Erstaunen war grenzenlos. Der Lichtstrahl erfaßte das ängstliche Gesicht eines jungen Burschen mit flaumigem Oberlippenbärtchen und das eines pickeligen jungen Mädchens.
»Da Ortler-Bua! Ja, du Hundling, wia kommst denn du da nei?« Der Girgl schimpfte halblaut in die Nacht.
»Mir san halt a bißl spaziern ganga«, stammelte der Jüngling, und ich schaltete diskret die Lampe wieder aus, damit sie erst mal ihre Kleidung in Ordnung bringen konnten. »Und dann hamma a Bankerl gsuacht und wia mir dann des Häusl gsehgn ham und wia schön gemütlich des is da herin, da hamma uns reingsetzt, weil's net so ziagt, und wia dann de Tür nimma aufganga is, da hamma uns halt de Zeit a weng vertriebn . . . wia's halt so geht.«
»Aber uns hast alles verdorbn und de Wolpertinger vertriebn«, rief der Girgl wütend. »So jung und scho umanandapoussiern! Guate Lust hätt i und erzähl's dem Vatta.«

»Naa, net«, jammerte jetzt der Junge, »lassen S' uns naus. D'Susi is unser Feriengast. I wollt ihr ja aa Wolpertinger zoagn . . .«
»Meine Eltern wenn das erfahren, daß ich hier in eine Falle gegangen bin«, stotterte die Susi verlegen.
Ich hatte ein Erbarmen und griff ein. Der Girgl ließ die zwei Verliebten frei; schnell verschwanden sie Hand in Hand.
»Da geht bestimmt koa Wolpertinger mehr her. Riachen S' amoi des Parfüm von dem Flitscherl. Niemals mehr!«
»Vielleicht haben die schlauen Wolpertinger die zwei doch in die Falle gelockt«, überlegte ich laut. Der Girgl schaute mich vielsagend an und meinte achselzuckend: »Dene is alles zum zutraun. Aber jetzt muaß i des allerletzte Mittel probiern. I hab an Baldrian dabei. A Flascherl voll. Wenn Wolpertinger-Manderl in der Nähe san, müassn s' kemma.«
Der Girgl holte eine Flasche mit dem Extrakt der Baldrianwurzel aus der Tasche. Er nahm einen Lappen, tupfte die restliche Flüssigkeit darauf und legte ihn in den Fangkasten. Etwa zwanzig bis dreißig Meter vor der Falle plazierte er weitere benetzte Stoffetzen.
Wir versteckten uns im Gebüsch: Johnny auf der einen Seite, Girgl und ich auf der anderen Seite der Falle. Ich hatte ehrlich Angst und rückte eng an Girgl, der die Situation reichlich ausnützte und immer an Stellen nach Wolpertingern griff, wo ich sicher wußte, daß keine waren.
Um ihn von weiteren Übergriffen abzulenken, redete ich im Flüsterton auf ihn ein, er möge sich bei der Jennerwein-Geschichte heraushalten. Es wäre doch jammerschade, wenn so ein strammer Bayer wie er ins Gefängnis müßte.
»Die dankbaren Waldbesitzer tat'n mi schon rausholn«, lachte der Girgl leise. »Und wenn's Wild amoi in Dreierreihen durch'n Woid rennt, dann werd d' Regierung sowieso 's Wuidern erlaubn und Prämien zahln. Aber dann mog i nimma.«
Inzwischen stand der Mond voll und rund über den Bergen. Der Baldrian roch penetrant, es stank zum Himmel und vermutlich auch den gesamten Weg entlang, den wir gekommen waren. Vom Ort-

lerhof und dem Weiler weiter unten sah man nur noch ein paar Lichter aus der Dunkelheit blitzen.
Es knackte leise. Man hörte schleichende Schritte. Tiere brachen durchs Unterholz, jaulten, schrien, pfiffen. Vögel flatterten davon. Die Nacht wurde immer lauter. Ich erinnerte mich an die Reportage vor zwei Jahren mit Professor Grzimek in der Serengeti. Die ersten Schatten tauchten auf, katzengroße Tiere strichen um die Falle: Das mußten die Wolpertinger sein! Sie schrien erbärmlich, fauchten sich an und balgten sich herum, aber aus der Nähe bekam man sie nicht zu sehen. Es war gespenstisch. Mir lief es abwechselnd kalt und warm den Rücken runter.
Der Girgl schien zu spüren, wie unheimlich mir war, und drückte mich fest an sich. »Brauchst koa Angst net ham, Madl. Schaug nur, wia de Wolpertinger jetzt ranzen. So nennt ma eana Freilufthupferl. Regt di des net auf, ha?«
»Freilufthupferl? Das ist mir neu«, fragte ich leise.
»Des kennst scho, bloß unter andere Namen. Hast des net gsehn – da hint scho wieda oana. Eigentlich is ja de Wolpertinger-Ranzzeit a bisserl später, aber mit meim Baldrian hab i eana de Luft a bißl boatzt zum Balzn. Woaßt, des san lauter Manderl – und ungeheuer greizt.«
»Wieso lauter Männchen? Was machen die denn?«
»Hörst es net, wia de fauchn? Die peitschen sich jetzt gegenseitig auf und dann fetzen s' durchn Wald und packen ois zamm, was a Bixn hat. Dafür san ja de Wolpertinger berühmt, daß s' bei der Paarung net wählerisch san, was d' Raß betrifft. De schnappen sich Häsinnen, Oachkatzlweiberl, Birkhenna, streunende Katzen, Wildenten, Bisamratzen und Fuchsfähen – ja, de springen sogar vom Baum oba und probierns bei Schmalreh und Gamsgoaßn. Daher de vielen Mischungen bei den Wolpertingern. Ja, was moanst, wia's da jetzt glei rauscht im Wald, wenn de bremsigen Teifln loslegn.«
»Du bist aber kein Wolpertinger, gell Girgl?«
»Aber bremsig.«
In diesem Augenblick krachte ein Schuß, der durch den nächtlichen

Wald peitschte wie ein Kanonenschlag. Ich war einen Moment wie vom Blitz getroffen. Dem Schuß folgte ein ohrenbetäubendes Kreischen und das Geräusch auseinanderstiebender Tiere. Ein heftiges Toben und Trommeln an dem wackelnden Häuschen zeigte uns an, daß wir einige Wolpertinger in der Falle hatten.
Wir sprangen auf, da kam auch schon Johnny herangekeucht. »Da sein de Förster unterwegs auf Nachtstreife. Wern ma missen flichten. Aber ich hab sie alle auf dem Infrafilm.«
»Was hat das zu bedeuten, Girgl?« fragte ich mit klappernden Zähnen. Immer noch jagten versprengte Tiere durchs Unterholz und über die beim Absprung wippenden Äste der Bäume.
Der Girgl hob sein Gewehr auf und sagte entschlossen: »A Förster moanst? Oder a Lizenzjager? Den ham mir de Wolpertinger geschickt! Jennerwein, der is dir geweiht!«
Da krachte ein zweiter Schuß. Man hörte einen kreischenden Tierschrei und den klatschenden Aufschlag eines vom Baum fallenden Tieres.
»Des war de zwoate Kugel. Jetzt hat er bloß no an Schrott drin«, konstatierte der Girgl fachmännisch und lauschte angestrengt, weil man Schritte hörte.
»Daschiaßn und daschlagn tua i eich alle, ihr gottverfluachten Saukater, ihr gschriana!« hörte man einen Mann von weit hinten den Waldrand entlangschimpfen. »Den wenn i derwisch, der de Mistviecher, de plärraten, da herglockt hat, damit i de ganze Nacht koa Aug zuatoa kon . . .«
»Himme, des is koa Förster, des is der Ortler«, entfuhr es dem Girgl, »auf den derf i net schiaßn, des is a Freind von mir. Aber dawischen derf ma uns jetzt aa net lassen. Kommts schnell, haun ma ab.«
Der Girgl packte mich an der Hand und zog mich beim Wegrennen einfach mit sich. »Den Wolpertinger tu ich mir noch holn«, zischte jetzt Johnny. Ich blickte mich im Laufen um und sah, wie Johnny mit Todesverachtung in die andere Richtung zurückrannte und den Boden absuchte. Gerade, als er sich bückte, krachte der dritte

Schuß, und wir hörten Johnny lauter und heller aufheulen als alle Wolpertinger zuvor.
»Scheißdreck, bluatiger, den hat's derwischt«, keuchte der Girgl und blieb einen Moment stehen, um zurückzuschauen. »Der Ortler schlagt eam jetzt 's Kreiz ab.«
Da sahen wir aber Johnny schon in langen humpelnden Sprüngen daherhetzen. Auf einer Seite baumelte ihm die Kameratasche von der Schulter und auf der anderen Seite hielt er ein totes Tier in der Hand: er hatte es am Schwanz gefaßt mit dem Kopf nach unten und streckte es weit von sich weg. Mit der anderen Hand faßte er beim Laufen an sein Gesäß.
»Komm, der holt uns schon ein bis zum Auto«, drängte der Girgl und zog mich weiter. Als ich vor Atemnot und mit Seitenstechen zusammenzubrechen drohte, packte mich der Girgl und warf mich über seine Schulter wie eine frisch gewilderte Hirschkuh. Der Mann war für seine fünfzig Jahre noch erstaunlich bei Kraft. Tatsächlich war am Auto auch Johnny schon da. »Den Arsch hat's mir zerfetzt«, stieß er keuchend hervor, während der Girgl die Autotür aufsperrte, »mit Blei hat er mich durchsiebt. Aber unsern ersten Wolpertinger mecht ich sichergestellt haben.«
»Geh, so a kloane Schrotspritzen wirkt doch bloß anregend, vielleicht konnst a Rente rausschinden beim *magacin*«, spottete Girgl, »i hab dir's doch gsagt, was beim Wildern gilt: Je gschwinder, desto gsünder!«
Johnny hielt das Tier an das Licht, das aus der offenen Autotüre fiel. Wir sahen auf das tote Vieh und dann in unsere enttäuschten Augen.
»Nu, was is das denn? A Wolpertinger?« fluchte Johnny, »verdammt mecht ich sein, wenn das nicht ein gewehnlicher Bauernkater sein tut.«
Ich sah Girgl an und der wich mir verlegen aus; er begutachtete ebenfalls das Tier. »Schaut direkt fast grad a so aus«, murmelte er.
»Jetzt tut mir a Lichtl aufgehn«, stammelte Johnny, »das mechten lauter Kater gewesen sein, die uns der Schlawiner da mit Baldrian

zu dem alten Scheißhäusl in den Wald gelockt hat. Und ich werd wohl haben den ganzen Film voller Kater und tu mich noch frein, daß ich einen gerettet hab – unter Lebensgefahr.«

Ich sah Girgl vorwurfsvoll an, aber der verteidigte sich durch Angriff: »Geh, du alter Spinner, was magst denn da von am Kater redn. A Katz is! De is halt grad von am Wolpertinger vernascht wordn, wia der Ortler gschossen hat. Sie hat's troffen, und der Bock is auskomma!«

Der Girgl warf das tote Tier – Katze oder Kater – in weitem Bogen den Abhang hinunter und drängte: »Los, einsteign, nix wia weg.«

Als wir – immer noch außer Atem – wieder im Auto saßen und Johnny auf dem Rücksitz kniend fluchend etwas über die gemütlichen Reportagen in Dschibuti und im Mato Grosso murmelte, schaute ich dem Girgl lange prüfend von der Seite ins Gesicht. Er raste wie ein Verrückter und versuchte durch betont aufgekratztes Geplauder meinen Verdacht zu zerstreuen, daß er uns hereinlegen wollte.

»Ja, sowas, muaß de arme Katz grad im schönsten Augenblick dran glaubn! Ja, de Wolpertinger san ganz varreckte Viecher. Aber beim nächsten Mal klappt's ganz bestimmt. Was Heike?« Er klopfte mir kräftig auf die Schenkel und blinzelte mich unverschämt an:

»Für 700 Mark hast du natürlich Anspruch auf ein erfolgreiches Jagdabenteuer.«

Ich sagte nichts mehr. Mir war klar, was er diesmal mit Jagdabenteuer meinte. Wortlos zählte ich sieben Hundertmarkscheine ins Handschuhfach. Schließlich dürfte es ja noch andere Methoden des Wolpertingerfangs geben . . . Fi

Kamikaze oder Miezekatze?

Bei einem wunderschönen Spaziergang rund um den Rissersee konnte ich ganz allein meinen Gedanken nachhängen und noch einmal versuchen, diese seltsame Feuerwehrgeschichte in mein bisheriges Gesamtbild einzuordnen. Ich ließ mir nochmals alles durch den Kopf gehen, was ich in Garmisch an diesem Vormittag studiert hatte. Freundlicherweise hatte mich ein Kollege von Johnny, ein Fotograf aus Garmisch, sein Archiv durchsuchen lassen, um noch Dokumenten von jenem Brand nachzuspüren, der hier vor einigen Jahren zunächst Aufsehen erregt hatte, dann aber – wie mir ein Partenkirchner Wirt augenzwinkernd zuraunte – geendet hat »wie eine Wolpertinger-Treibjagd«.

Als objektiv beweisbarer Tatbestand schien festzustehen: Ein großes fünfstöckiges Haus für Eigentums-Zweitwohnungen stand kurz vor der Fertigstellung, obwohl es in der Bevölkerung viele Proteste ausgelöst und im Gemeinderat heftige Kontroversen gegeben hatte; eines nachts, kurz bevor das Haus bezugsfertig war, brach durch eine angebliche Beschädigung der frisch installierten Elektroleitung ein Brand aus; wegen des unerklärlichen Versagens der örtlichen Feuerwehr brannte das Haus völlig aus, weil bei den Löschversuchen offenbar kein Wasser an den Brandherd zu bringen war. Die Fotos von dieser Tragödie waren für nicht Betroffene fast zum Totlachen.

In einer Glosse hatte die Lokalzeitung daran erinnert, daß der Geschäftsführer der Bauträger-Gesellschaft ihr gegenüber einmal höhnisch erklärt habe: »Niemand kann den Bau mehr aufhalten, kein Zeitungsfritze und kein Heimatpfleger – da müßte schon ein Wolpertinger kommen!« Daran hatte das Blatt die ironische Frage an Brandfahnder und Feuerwehr geknüpft: »Wenn die Spuren auf Brandstiftung hindeuten, nicht aber auf Brandstifter, wenn von Sabotage an den Löscharbeiten die Rede ist ohne Hinweise auf Saboteure – vielleicht waren es doch die Wolpertinger?«

Johnnys Kollege hatte mir auch noch die wichtigsten Adressen herausgesucht. Die meisten der bisher befragten Beteiligten von damals – der Kriminalbeamte, der Elektromeister und der Kreisbrandinspektor – hatten sich nicht nur sehr zugeknöpft und abweisend gezeigt. Es schien ihnen auch die Angst tief in den Knochen zu sitzen, denn sie wurden zuerst hochrot und dann kreidebleich im Gesicht, als ich sie auf den Brand ansprach und sie schonungslos hart mit der Wolpertinger-These konfrontierte.
Der Elektromeister hatte nur im Schreck die Hände vor die Stirn geschlagen und ausgerufen: »Wach i oder traam i oder hab i Fiaba?«
Der schlitzohrige Kriminaler hatte mich zunächst so von unten herauf gemustert, daß nur das Weiße in seinen Augen zu sehen war. Dann hatte er versucht, mich auf den langen Dienstweg abzuwimmeln: »Aussagen zu dem Wolpertinger-Brand protokolliert bei uns nur der Dr. Emmerling!« Das war aber nur ein Trick, aus dem sein schlechtes Gewissen offenbar wurde. Denn wie sich herausstellte, ist Dr. Emmerling ein Gerichtspsychiater, der mit den Ermittlungen in diesem Fall gar nichts zu tun hat.
Nur der Kreisbrandinspektor hatte mich mit freundlichen Worten empfangen: »Sie gfrein mi! Sowas hab i gern!« Aber mit seiner Herzlichkeit wollte er mich auch nur ablenken und mir dann ständig die gesunde Höhenluft und die heilsame Ruhe in den bayerischen Bergen ans Herz legen. Das einzige Konkrete und seltsamerweise Übereinstimmende aus den kurzen Gesprächen mit allen dreien war jeweils der Hinweis: »Eana kon bloß no da Freisedler Singerl helfa.«
Dank dieser Hinweise hatte ich nach dem Herrn Freisedler geforscht. Er lebte in Grainau, wohnte dort in der Zugspitzstraße und hieß eigentlich Ronald, aber alle nannten ihn »Singerl«; vermutlich war er die Stütze vom Kirchenchor. Leider war er fast nie zu Hause, und die Auskünfte über ihn waren sehr seltsam: Weil er ein »narrischer Teifi« sei, hatte ihn anscheinend irgendwann seine Familie verstoßen und seine Frau verlassen. Welches Ereignis ihn aber so aus der Bahn geworfen und sein ganzes Leben verändert hatte,

wollte niemand in seiner Nachbarschaft genauer andeuten. Alles, was ich erfahren konnte, war dies: er arbeitete tagsüber als Brauereivertreter, saß anschließend meist einsam bis in die späte Nacht in der Aule-Alm und brütete beim Bier vor sich hin.
Mein Spaziergang führte mich gegen Sonnenuntergang wieder zur Aule-Alm zurück, ein hübsches Hotelrestaurant im alpenländischen Stil mit viel Holz und breitem flachem Dach. Als ich den rustikalen Innenraum betrat, wies die Bedienung, die ich schon am Nachmittag gefragt hatte, nur stumm mit dem Kopf in eine Ecke. Da saß er nun und stierte mit leerem Blick geradeaus, als sehe er meilenweit nur Unglück.
»Warum ist er so traurig, der Herr Singerl?«
»Der hat immer nur Wolpertinger im Kopf – und des druckt'n«, flüsterte mir die Bedienung so unauffällig zu, daß er nicht merkte, über wen wir sprachen. »Und noch was Freilein: Singerl hört er nicht gern. Sagn S' lieber Wastl. Er heißt nämlich Sebastian.« Ich begriff weder den Zusammenhang noch warum Wastl schöner sein sollte als Singerl, noch dazu, wenn er sowieso Sebastian hieß. Aber ich war entschlossen, den Stier bei den Hörnern zu packen, und setzte mich einfach zu ihm.
»Sie gestatten doch, daß ich mich zu Ihnen setze, Herr Wastel?«
»Gestatten tua i gar nix. Aber macha konn i aa nix.«
»Ich heiße Heike und möchte mit Ihnen reden. Ich will die Geschichte endlich aus der Sicht des Kommandanten hören.«
Er wußte sofort, welche Geschichte ich meinte, denn er zuckte zusammen, sah mich schnell prüfend an und tat sofort wieder unbeteiligt: »I bin koa Kommandant nimmer! I bin da Niemand.«
Mir war sofort klar, daß ich diese Festung nur im Sturm nehmen konnte. Das war ein typisches Beispiel für jene Bayern, die nur aus sich herausgehen, wenn man ihnen durch eine menschliche Geste eine Vorgabe macht. Ich bestellte zwei doppelte Enzian, warf nochmals einen langen Blick auf den unbeweglichen Mann mit den auffallend buschigen Augenbrauen neben mir. Mit seinem verwitterten grauen Berghut, eisgrauen Bart und dem gesprenkelten, abgewetz-

ten Schafwolljanker über der schwarzgrauen, speckigspiegelnden Kniebundhose saß er da, als habe ihn der Schöpfer Bayerns einst persönlich so in Marmor gemeißelt – als Denkmal eines mit sich und aller Welt zerfallenen trutzigen Älplers. Klatschend schlug ich ihm mit der flachen Hand auf das glatt gespannte Leder um seine Schenkel und sagte mit aller hanseatischen Rauhbauzigkeit: »Unglaubliche Burschen, diese Wolpertinger!«

Er nickte nur und murmelte: »Hund sans scho!«

»Wieso meinen Sie, daß die Wolpertinger Hunde sind?«

»Sauviecher sans, dreckerte!«

»Ja was nun: Sau- oder Hundeviecher?

»Ja, genau.«

»Lassen wir's. Ich finde jedenfalls, daß sie das mit dem Brand großartig hingekriegt haben!«

»Wer, i?«

»Nein, die Wolpertinger.«

»De scho. De Mistluader, de hinterfotzigen! Mi hamms reiglegt.«

»Das glaub ich nicht. Die haben nur die Bauspekulanten reingelegt.«

Jetzt hatte ich ihn am Nerv erwischt. Er drehte sich zu mir her, sah mich mit kritisch zusammengekniffenen Augen lange fest an.

»Was sagst du da? Wen solln de reiglegt ham?«

»Die haben es nicht auf die Feuerwehr abgesehen gehabt, sondern auf die Kommanditisten der GmbH & Co. KG.«

»Was, Kommandantisten? Mi hamms ruiniert, an Kommandanten!«

Der Enzian wurde gebracht, ich schob ihm sein Stamperl hin, nahm meins in die Hand und provozierte ihn erneut:

»Prost Wastel, auf die Wolpertinger! Sie sollen leben!«

»Varecka sollns alle mitanand, de Deifelskrötn, de hundsheiternen!«

Ich stellte mein Glas hin, winkte der Bedienung zum Nachfüllen und versuchte gleich nachzubohren, um ihn aus der Reserve zu lokken.

»Hören Sie mal her, Wastel ...«
»I hoaß net Wastel, sondern Wastl, mit stl, wia Quastl oder Kastl.«
»Gut Wastl, ich glaube, Sie sind das Opfer eines Mißverständnisses. Die Wolpertinger haben doch nur gegen die preußische GmbH gekämpft!«
»Geh lassen S' mi doch in Ruah mit eanam BeHa samt dene ganzen Kommanisten, de wo da drohänga. Dawischen wenn i oan tua, dann gurgelt i'n ab, aber ganz langsam!«
»Einen Kommunisten?«
»Na, an Wolpertinger natierlich! Jetzt wenn S' net glei aufhörn ...!«
Die Kellnerin, die uns mit einem geradezu mitleidigen Blick zwei frische Biere und zwei weitere Stamperl Enzian auf den Tisch stellte, lenkte ihn vorübergehend ab, so daß er sich wieder etwas beruhigte. Nach einem kräftigen Schluck fing ich wieder ganz sanft an.
»Was ich sagen will, Wastl, ist dies: Es handelt sich nicht um Kommunisten, sondern um Kapitalisten, die mit ihrem überschüssigen Geld riesige Gebäudekomplexe für Zweitwohnungen hinstellen, keine Steuern an die Gemeinde zahlen, aber Kosten verursachen und die Landschaft verschandeln. Nach allem, was ich bisher über die famosen Tierchen gehört habe, muß sie sowas zum Widerstand geradezu herausfordern. Den Wolpertingern geht es ja offenbar um die Erhaltung Bayerns.«
»Schmarrn vadammta, einen Scheiß geht es denen um dieses. Widerstand gegen die Feierwehr is des!« Der Wastl sprang auf, lief hochrot im Gesicht an, und dann packte er mich mit seinen großen Schraubstockhänden am Dirndlausschnitt und Büstenhalter. Er riß mich hoch, daß ich schon dachte, er werde mich jetzt auf dem Wirtshaustisch vergewaltigen. Aber er schüttelte mich nur hin und her und schrie in einer seltsamen Mischung aus Hochdeutsch und Bayerisch auf mich ein: »Einem Feierwehrmo ist es wurscht, ob ein Haus einem Kommanisten ghört oder einem Kapitalisten oder einem Kommandantisten oder einem Kommunikanten, weil der Fei-

erwehrmo kennt nur seine Feiersbrunst und de muaß glöscht wern! Und wenn ein Wolpertinger hergeht und einen bayerischen Feierwehrkommandanten blamiert, indem er seinen Brand nicht löschen kon, nachert rettet er Bayern nicht, sondern er blamiert Bayern mitsamt seiner Feierwehr. Hamm Sie des verstanden?«

Ich war vom Hin- und Herschütteln so benommen, daß ich gar nicht antworten konnte. Aber in diesem Moment war schon der Wirt zur Stelle und herrschte den Freisedler an. »Laß sofort die Dame in Ruah, Singerl, sonst fliagst naus, du damischer Deifi, du damischer. Hast wieder an Anfall, ha?«

»Paßt dir vielleicht was net,« fuhr ihn der Wastl an, »ma werd si doch in einem öffentlichen Wirtshaus no unterhalten derfa, oder?«

»Aber net mit de Händ!«

Da wurde dem Wastl erst richtig bewußt, daß er sich immer noch an meinem Ausschnitt eingekrallt hatte wie am Hosenträger eines Raufkumpans. Erschrocken ließ er los und sagte wieder ganz friedlich: »Nix für unguat, des war net sittlich gmoant. Aber von de Wolpertinger wenn wer ofangt, nachert steigts mir ganz hoaß auf.«

Wir setzten uns wieder, und ich beruhigte den Wirt, der nur kopfschüttelnd murmelte: »Ausgrechnet an den muaß sa se himacha.«

Immerhin hatte der kurze Wutanfall beim Freisedler Singerl den Bann gebrochen. Nach dem nächsten Enzian sprudelte die Geschichte so aus ihm heraus, wie er sie erlebt hatte:

»Daß de Wolpertinger so lang an dene Stromleitunga rumgenaggelt ham, bis daß's brennt hat, des steht für mi aa fest, seit i de ausgfransten Kabel gsehgn hab. Aber des kann mir wurscht sei. Brand is Brand und Alarm is Alarm und mir warn da wiar a Brezn mitten in der Nacht. Daß de Bluatsratzen den Brand ausgerechnet ogricht hamm, wia mir grad in der Nachbarschaft a hundertjahrigs Feierwehrjubiläum gfeiert hamm, war no eine zusätzliche Gemeinheit gwen. Aber trotzdem: Durch des san mir zwar schpäter kema, aber dafür warn mir so komplett wia selten. Und in a Bombenstimmung!

De Kameradschaft is ja des A und O beim Löschen, weil da hoaßts durchs Feier geh – einer für alle und alle für einen.«
Er nahm einen kräftigen Schluck, schnaufte tief und fuhr fort.
»Es hat sich aa ois guat olassen: vorgfahrn, daß d' Fetzen gflogn san, de Schleich raus, am Hydranten ogschlossen, den Brandherd umzingelt, und scho kommandiert aa: alle Rohre Wasser marsch! Und dann is' passiert.«
Der Singerl stockte, die Begeisterung in seiner Miene erlosch jäh, und der Ingrimm zerfurchte wieder sein wetterhartes Gesicht.
»Was ist dann passiert«, drängte ich, »kam kein Wasser aus dem Hydranten?«
»Aus'm Hydranten scho. Aber aus unsere Rohre net«, fuhr er mit fast tonloser Stimme fort. »Genauer gsagt, zuerst is es komma und dann hat's glei wieder aufghört.«
»Das versteh ich nicht.«
»Ja, i aa net. Des vasteht koa Mensch. Schneidig hat's gspritzt und de Wasserstrahlen aus alle Rohre ham am Dachstuhl aufklatscht. Aber auf oamoi war's aus.«
»Wie aus?«
»Des miassen S' eana vorstelln wia beim Biesln: Ein schöner stolzer Strahl, dann is der Druck aus der Blasn weg und der hohe Bogen werd kleana und kleana und dann tröpfelts nur mehr und das Rohr is leer. Vastehngas mi?«
»So ungefähr kann ich es mir schon vorstellen. Aber wieso war plötzlich der Druck in der Blase, will sagen in der Pumpe weg? Motorschaden?«
»An Scheiß! Nix war kaputt. Aber alle Rohre warn verstopft. Mir hamm sofort's Wasser zuadraht, de Schleich und de Rohre ausanandgschraubt und von zwoa Seiten durchgschaugt. Was moanans, was mir gsehgn hamm?«
»Keine Ahnung.«
»Nix. Absolut nix hamm mir gsehgn, weil de Rohre verstopft warn. Mir ham dann alles rausgräumt und wissen S', was da drin war? Lauter kloans zerquetschtes Viechzeigs mit Fellstückl, Haut und

Haar, Schwanzl, Federn, Fleisch und Boandl, alles durcheinander!«
Mir dämmerte bereits ein Zusammenhang, denn welche Tiere hatten schon Haarpelz und Federn zugleich.
»Wolpertinger!« sagte ich atemlos.
Der Freisedler Singerl schaute mich mit einem geradezu innigen Blick an, als hätte ich ihm gerade eine Liebeserklärung gemacht. »Des sagn sogar Sie, als Preiß! Nur mit Ihrener weiblichen Institution. Aber so ein Kriminaler, so ein krimineller, hat ja koa Gfui und koa Hirn. Mir hätten unserne Schleiche so unsachgemäß herumliegen lassen, mag er im Protokoll behaupten, daß mutmaßlich Ratzen, Meis, Amseln und Dohlen drin genistet haben und dann bei der ersten Benutzung nach langer Zeit vom Wasserstrahl vorn im Strahlrohr zammgschoben worn san. Was glaubn Sie, wia i und mei Feierwehr da rumzogn worn san – vorm Gricht und in der Zeitung. Bloß der Elektromoasta hat mei These gstützt – daß es nur die Wolpertinger gwesn sei könna, de wo uns beide reiglegt ham. Auf des nauf hat mi der Kreisbrandinspektor abgesetzt, der Intrigant!«
Der Singerl versank nach diesem Verzweiflungsausbruch bei der Erinnerung wieder in dumpfes Brüten mit stierem Blick ins Leere. Mir aber erschlossen sich auf Grund meiner Vorstudien neue, geradezu heroische Züge an den Wolpertingern. Kein Zweifel: um im Kampf gegen die Zweitwohnungsbauten ein Exempel zu statuieren, hatten sie nicht nur einen Brand ausgelöst, sondern sich auch noch zur Behinderung der Löscharbeiten todesmutig in die Schläuche gestürzt. Als Rohrkrepierer im wahrsten Sinne hatten sie ihr Leben für die bedrohte Heimat geopfert.
»Wastl, das war echt Kamikaze!« sagte ich halblaut in stiller Bewunderung. Der Singerl blickte mich enttäuscht an und rückte beleidigt von mir ab. »Miezekatze!« sagte er verächtlich. »Miezekatze mag sie sagen zu solchene fanatischen Selbstmörder. Wolpertinger warns, und sonst nix!« HB

Wie die Rosi wedeln lernte

Als aufgeklärte Frau und Norddeutsche halte ich natürlich nichts von dem ganzen katholischen Aberglauben mit Heiligenverehrung und Marienkult, worauf die Bayern bekanntlich vereidigt sind. Interessiert mich auch gar nicht. Vielleicht ist es unter diesen Umständen verzeihlich, daß ich damals in Reit im Winkl zuerst versehentlich auf der falschen Fährte geschnüffelt habe.

Bei einem Ausflug ins Oberland war ich in die Nähe der Winklmoosalm gekommen und hatte an ihrem Fuß eine ganze Menge Souvenirläden vorgefunden, so, wie ich sie in der Woche zuvor schon in Altötting gesehen hatte, dem berühmten Wallfahrtsort. Dort in Altötting verkaufen sie Taschenmesser, auf denen eine Schwalbe abgebildet ist, die ein Stück Papier im Schnabel hat und auf dem steht: »von der Mutter Gottes einen Gruß«. Und was die heilige Kapelle angeht, die gibt es in einem blauen Plastikbehälter, den man umdrehen muß, damit es auf die Kapelle schneit.

An der Winklmoosalm also hatte ich zuerst einen Moment geglaubt, daß sie dort die heilige Rosi verehren. Überall in den Schaufenstern waren Bilder ausgestellt, auf denen ein rehbraunes Mägdelein mit Grübchen in den Wangen holdselig auf die Leute herunterlächelte. Auch in den Andenkenläden gab es solche Bilder und dazu so komische Medaillen, auf denen zum Beispiel stand: »ein Gruß von der Gold-Rosi«. Auf den Parkplätzen standen viele Omnibusse, aus denen die Menschen herauspurzelten und dann in langen Reihen hinaufpilgerten zu dem Haus, in dem das herzige Mädchen einmal gewohnt haben soll. Manche Leute sangen auch ein Lied: »Rosi, Rosi noch einmal, es war so wunderschön.«

So etwas kannte ich auch schon aus Altötting, nur war es dort erheblich stimmungsvoller gewesen, weil die Leute da ihre Lieder sangen, indem sie immer um die Kapelle herumzogen und dabei diese wunderhübschen bunten Lampions in der Hand hielten.

Nun bin ich ja nicht dumm, und spätestens als ich nun auch noch

im Radio hörte, wie eine gewisse Rosi von mir verlangte, ich solle unbedingt einen bestimmten Haarfestiger benutzen, weil »beim Skifahren das Haar so strapaziert wird«, da machte es ganz deutlich »klick« in meinem Reporterhirn: Rosi, Rosi Mittermaier – natürlich, unsere Olympiasiegerin war gemeint. Richtig warm wurde mir ums Herz, als ich daran dachte, wie dieses tüchtige deutsche Mädel damals die Österreicherinnen hatte abblitzen lassen. Ich fand's zwar schon damals ein bißchen schade, daß die Dame ausgerechnet aus Bayern stammen mußte, aber ins Herz geschlossen hatte ich sie trotzdem: Wenn es um die nationale Ehre geht, da kenne ich keine landsmannschaftlichen Vorurteile.
Wie auch immer – das mußte ich unbedingt mal aus der Nähe sehen. Und wofür hat man einen Presseausweis? Als ich oben angekommen war, ging ich erhobenen Hauptes an der 600 Meter langen Schlange vorbei – und direkt ins Haus. Drin saß ein älterer kleiner Herr inmitten eines riesigen Bergs von Postkarten mit dem erwähnten lieblichen Mädchenbildnis und malte auf jede Karte hinten drauf, daß er sich sehr gefreut habe über den lieben Brief und daß er immer die alte bleiben wolle, nämlich »herzlichst die Rosi Mittermaier«. Es handelte sich, wie sich gleich herausstellte, um den Vater des Wunderkindes.
Der wurde dann auch gleich sehr aktiv. Als er mich gesehen und herausbekommen hatte, daß ich Reporterin beim *magacin* bin, kramte er sofort im Fotoalbum der Familie, stellte verzweifelt fest, daß es leer war, fand aber schließlich doch noch ein kleines Bildchen zwischen den Seiten, auf dem ein kleines Mädchen abgelichtet war, wie es gerade auf dem Topf saß. Schnell radierte der Mann den Text weg, der hinten auf dem Foto stand (»unsere kleine Evi bei einem großen Geschäft«), sagte, daß er leider nicht mehr Material zur Verfügung habe und daß es 5000 Mark koste. Einen Scheck nehme er auch – mit Scheckkarte natürlich.
Irgendwie schien er mir aber dann doch ganz erleichtert, als ich ihm erklärte, daß ich gar keine Reportage über die Rosi schreiben wolle, sondern eigentlich, na ja, ehrlich gesagt, wegen der Wolpertinger

hier sei. (Ein bißchen genierte ich mich ja immer noch, wenn ich von meinem blöden Auftrag reden mußte.)
»Wissen S'«, sagte Vater Mittermaier, »die Rosi is ja nie daheim, und mir wirds langsam zu anstrengend, den Reportern immer wieder erklären zu müssen, was ich damals gefühlt hab, wie ich im zweiten Slalomdurchgang beinahe am drittletzten Slalomtor vorbeigefahren wär. Wo ich mir doch alles ausdenken muß, sie sagt's mir ja nicht.«
Dann fing er aber doch an, von der Rosi zu erzählen, und wahrscheinlich tat er es deshalb mit so großer Begeisterung, weil er sah, daß ich nicht mitschrieb. Richtig das Herz ging ihm über, als er mir vorschwärmte, was für ein gutes Kind sie gewesen war: dumm sei nur gewesen, daß sie immer den preußischen Touristen über die Skispitzen gefahren sei, damit sie ein bisserl hinfallen und ja nicht wiederkommen zur Winklmoosalm. »Aber was will ma denn verlangen von so am Kind?«
»Und woher kann sie eigentlich so gut Slalomfahren?« fragte ich, um auch mal was zu sagen.
»Ach«, sagte Vater Mittermaier, »des is ganz einfach, Wissen S', die Kinder ham ja immer ins Tal in die Schule fahren müssen – und da ham sie sich eben ein bisserl nach der Natur gerichtet.«
»Nach der Natur, aha«, sagte ich und nickte verständnisvoll mit dem Kopf, obwohl ich immer nur Bahnhof verstand. Mittermaier senior entging das nicht.
Die Tiere, erklärte der alte Mann also langmütig, müßten ja auch irgendwie ins Tal, und wenn sie da immer so abwärts liefen, hätte schon mal eines von ihnen den Kindern – ganz spielerisch – den schnellsten und ungefährlichsten Weg hinab gezeigt. Von einem Tier, erinnere er sich, habe die Rosi sogar einmal erzählt: »Des is so richtig zickzack den Hang hinuntergsprungen, direkt in Fallinie – und i immer hinterher auf meine Ski«.
Nur wie es ausgeschaut habe, dieses Tier, habe die kleine Rosi nicht so recht beschreiben können, da habe sie einige Sorten durcheinandergebracht: »Werd hoit a Fuchs oder a Has oder sowas gwesn sei«,

sagte mein Gesprächspartner, »Sie wissen ja, die Kinder passen auf sowas nia so recht auf.«

Ich muß mich sehr schnell verabschiedet haben, als der Vater Mittermaier an diesem Punkt seiner Erzählungen angekommen war, fast unhöflich. Aber plötzlich hatte ich richtige Angst bekommen: Als nächstes, dachte ich mir, erzählt er dir jetzt, an einem dieser Tage sei »der Fuchs oder der Has oder sowas« mit einer Stoppuhr in der Pfote am Fuße des Abhangs gestanden. Das hätt ich dann vermutlich auch noch geglaubt.

Beim Nachhausefahren ertappte ich mich aber dann doch dabei, daß ich darüber nachdachte, wie gut es sei, daß die Rosi nicht hinter einem fliegenden Wolpertinger nachgefahren ist. Sonst wär sie jetzt vielleicht Skifliegerin. rhy

Ein Spuk wird nicht verlegt.

Der ältere Herr, den man mir als Experten für Bavarica empfohlen hatte, lächelte mich freundlich an und gab mir augenzwinkernd sein Wohlwollen zu verstehen. Er wartete bis seine jungen Mitarbeiter, von Druck- und Versandterminen gehetzte Lektoren und Produzenten, aus seinem Zimmer waren, dann reckte er sich und begann flüsternd mit mir zu reden.

»Oberstes Gebot: Keinen Namen nennen!« sagte er. »Strengste Vertraulichkeit!«

Als ich ihm dies kopfnickend zusicherte, räumte er, vorsichtig um sich blickend, aus einer alten Truhe, die mehr als Bücherablage benutzt wurde, einige Stapel weg, griff schnell nach hinten und zog eine Mappe mit fast vergilbten Manuskripten hervor. Am Tisch nahm er eines heraus und gab es mir. »Das ist die Geschichte. Sie sollte vor einigen Jahren einmal in einem Lesebuch gedruckt werden, und ich fand sie auch recht spannend.«

Ich nahm sie an mich, blätterte und las ein bißchen quer.

»Und warum ist sie nicht in einem bayerischen Lesebuch erschienen?«

»Sie wissen ja, übereifrige junge Mitarbeiter mit wissenschaftlichem Ehrgeiz und dann Intrigen rationalistischer Aufklärer und landfremder Pädagogen, ach was, reden wir nicht mehr darüber. Ich habe das Manuskript zurückgezogen und aufgehoben bis zum heutigen Tag. Wenn Sie als junge Dame aus Hamburg Interesse daran finden, soll es mir eine Ehre sein, Ihnen diesen alten unveröffentlichten Text eines nur mir bekannten Autors zu schenken.«

Die Story war nicht uninteressant, vor allem, weil sie einen neuen Aspekt des Wolpertinger-Daseins anschnitt, das Gespenstische:

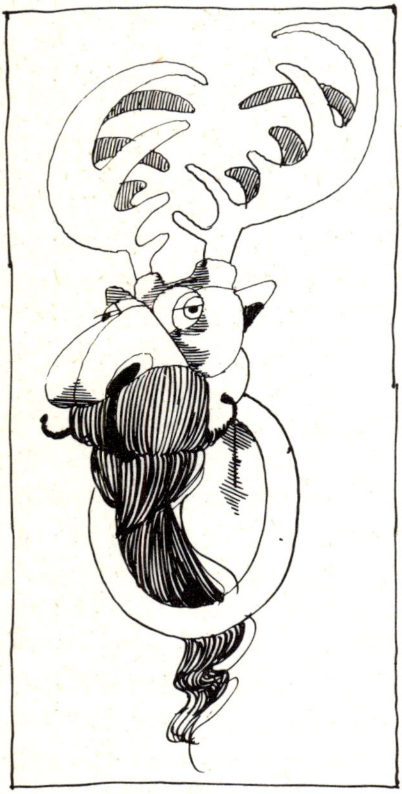

Die narrische Nacht von Naring

Steile Hänge, undurchdringliches Gestrüpp, verschont von Touristen und Autos, und ein klares Wasser, noch nicht in Betonmauern eingezwängt, das ist die Landschaft, die der Wolpertinger liebt. Da kann er sich verstecken, seinen Bau graben und seine Jungen zur Welt bringen. Ein solches ideales Wolpertinger-Land ist das untere Leitzachtal. Hinter dem Irschenberg beginnt es bis in die Gegend von Westerham, dort fließt dieser muntere Gebirgsfluß in die etwas träger strömende Mangfall. Bis Naring ist die Leitzach unverbaut. Dann mußte man sie etwas in ihr Bett zwängen, weil sie ungebärdig und wild das Ackerland am Ufer immer wieder zerstörte. Aber die steilen Höhen, die dichten Wälder und das Gestrüpp, haben sich erhalten – dort haust der Wolpertinger. Und in Holzolling, einer ehemaligen Hofmark, oder in Esterndorf mit seinem uralten Kirchturm aus Tuffsteinquadern weiß man noch von den Wolpertingern. Eine Geschichte darüber ist überliefert, wenn auch von einem, der selbst noch keinen Wolpertinger gesehen hat.

Naring besteht aus 19 Häusern und dem Wirtshaus »Zum Goldenen Tal«. Es gibt keinen eigenen Kramerladen, keine Metzgerei, keinen Omnibus und keine Bahnstation, aber solide Häuser und alte bayerische Einwohner, auch wenn nicht alle aus dem Leitzachtal stammen. Ein merkwürdiges Wort dieses »Naring«, oft falsch mit zwei »r« geschrieben. »Nar« war die mittelhochdeutsche Bezeichnung für eine Verengung; hier treten die Moränenhügel nahe an die Leitzach heran. Alte Leute sagen auch heute nicht »ich gehe nach Naring«, sondern »ich gehe in die Naring«. Und so stehts auch auf den alten Platztafeln in der Esterndorfer Kirche.

Ich setze ab und blickte sinnend hinaus in den Park. Das alles hatte ich nicht erwartet. Atemlos las ich weiter:

Das Wirtshaus in Naring ist weit berühmt. Man schätzt die Forellen, in eigenen Teichen mit frischem, klarem Wasser sorgfältig herangezogen, den hausgemachten weißen Pressack, die Musi, wenn die Tochter Irmengard auf dem Hackbrett spielt. Man schätzt den

Huber Bertl, der spannende Geschichten von Jagd, Wilderern und Fischdieben erzählen kann, und seine resche Frau erfreut in ihrer Unbekümmertheit alle Gäste. Dies war die Welt, in der für einen Wolpertinger noch alles in Ordnung ist.

In der Wirtsstube standen bis vor einiger Zeit ausgestopfte junge Füchse, Reiher, Häher und Eichkatzeln. Und auch ein ausgestopfter Wolpertinger gehörte dazu. Er war schon recht alt, stand in der Ecke, man konnte ihn kaum sehen, und niemand kümmerte sich darum, und wenn man danach fragte, bekam man nur eine verlegene Antwort: eine Art uralter Schutzgeist noch aus heidnischer Tradition.

Eines Tages sollte die ganze Wirtschaft renoviert werden. Man wartete schon lange auf die Handwerker. Endlich hatten sie sich fest angesagt, und am Tag nach Allerseelen wollten sie endgültig anfangen. In der Allerseelen-Nacht, als es schon fast zu dämmern begann, hörte der Wirt Rumpeln, Pumpeln und das Klirren von Fensterscheiben. Mit dem Drilling in der Hand ging er in die Wirtsstube, konnte aber nichts Verdächtiges entdecken. Die Fenster waren zu, alle Schlösser, die er nachprüfte, geschlossen, lediglich das Tischtuch war von zwei Tischen heruntergefallen.

Da er nichts entdecken konnte, ging er wieder schlafen. Aber am nächsten Tag entdeckte die Kati, daß eine Fensterscheibe zerbrochen war. Merkwürdigerweise waren jedoch die Scherben nach außen gefallen. Man dachte sich nicht viel dabei. Jedoch an diesem Tag erfuhr man noch von anderen merkwürdigen Begebenheiten. Andreas, der alte Knecht, ein Grieche, der sich aus den Kriegswirren nach Naring verirrt hatte, starb in seinem Austragszimmer unter der Scheune, die am morgigen Tag abgerissen werden sollte. Beim Feilmooser war große Aufregung, weil in der Nacht der prachtvolle Gockel entsetzlich geschrien hatte, und als man am Morgen nachschaute, war er seiner sekundären Geschlechtsmerkmale, der schönen schwarz-grünen Schwanzfedern beraubt. In dem alten Lixhaus, in der eine Münchner Familie ihre Wochenenden verbringt, sprangen die zwei Enkelkinder in der Nacht plötzlich auf und flüchteten erschreckt in die Betten der Großeltern. Man redete ihnen gut zu, konnte aber nicht herausbekommen, was sie so erschreckt hatte. Schließlich entdeckte der Wirt am übernächsten Tag in seinem Drahtzaun, der um das Rehgehege an der Leitzach gezogen war und auch die Teiche vor forellenlüsternen Anglern schützen soll, ein großes Loch, groß genug, um einen mittleren Hund durchzulassen. Und beim näheren Hinschauen sah er, daß das Loch keineswegs mit einer Drahtschere geschnitten war, sondern es sah aus, als wäre es abgebissen, wie von einem Nagetier. Aber man beachtete alle diese Tatsachen noch nicht. Erst als man anfing, die Stube auszuräumen, sah man, daß das Regal, auf dem der Wolpertinger stand, leer war bis auf eine recht frische, kräftig duftende Losung.

Da ging einigen ein Licht auf; als man dem alten Fischervater davon erzählte, schlug dieser das Kreuzzeichen. Es war eine Wolpertinger-Nacht.

Seitdem hat man im ‹Goldenen Tal› nie wieder einen Wolpertinger gesehen oder gehört. Die Kinder werden noch manchmal mit schaurigen Erzählungen darüber erschreckt, und hie und da berichtet ein Wanderer, der in die steilen Höhen und in dichtes Gebüsch sich gewagt hatte, von merkwürdigen Fußspuren oder einem Rascheln in den Büschen.

Als ich die Geschichte zu Ende gelesen hatte, fragte ich den alten Herrn, ob er denn den Wahrheitsgehalt dieser Erzählung einmal nachgeprüft und mit dem Wirt selbst gesprochen habe. Ein feines Lächeln überflog sein Gesicht, während es sich sein seidiges Silberhaar von hinten nach vorne glattstrich: »Selbstverständlich war ich da, und ich bin immer wieder hinausgefahren ins Wirtshaus ›Zum Goldenen Tal‹. Und wie ernst der Huber Bertl den Wolpertinger-Spuk genommen hat, das zeigte sich schon daran, daß er fortan alle Renovierungen vermied, mit denen viele altbayerische Wirtshäuser so verschandelt wurden, daß sich kein Wolpertinger mehr halten kann. Fahren Sie ruhig raus und schauen Sie sich's an. Dann werden Sie den Sinn dieses Wolpertinger-Wutausbruchs begreifen. Hätten

nur mehr Wolpertinger mit ihrem Spuk den weit scheußlicheren Spuk vieler Wirtshausmodernisierungen verhindern können!«
Wir blickten uns verständnisinnig in die Augen. Ich drückte ihm zum Abschied bewegt die Hand und sagte: »Ja, ja, nicht jeder bayerische Wirt ist ein Ehren-Wirt wie der Huber Bertl«. xxx

Von Osterhasen und anderen Dämonen

Die große schwere Holztüre des alten Pfarrhofs von Kirchsteinering öffnete sich nur einen Spalt: »Mir ham fei jetzt koa Sprechstund im Pfarramt«, sagte die mittelalterliche Dame in einem Ton, der ebenso streng klang, wie ihr Haar geknotet war. Sie musterte mich einen Moment und fügte dann mit einem Anflug von Nachsicht hinzu: »Es geht ja doch um a Trauung, und da werd's ja net glei so pressiern, oder?«

»Nein. Das heißt doch«, stotterte ich, weil sie mich ganz aus dem Konzept gebracht hatte mit ihrer barschen Art.

»Also was?«

»Ich meine, es handelt sich zwar nicht um eine Hochzeit. Aber pressieren tut es doch. Ich komme nämlich vom *magacin* in Hamburg . . .«

»Mir kaufn nix und solchene Magazina scho glei net, de wo doch bloß dauernd genga d' Kircha hetzen!«

»Entschuldigen Sie, gute Frau, nun halten Sie doch mal die Luft an! Sie sind gewiß die Pfarrersköchin?«

»Erstens bin i koa guate Frau und aa net de Pfarrerköchin vom Hochwürdigsten Herrn Dekan Breitsamter, sondern die Pastoralassistentin von St. Ignaz. Und zwoatens halt i de Luft o, wann i mag. Außerdem brauchen S' da garnet nachfragn von wegen einer pfarramtlichen Genehmigung zum Heftlvakaffa, weil solchene nackerten Magazina, de wern in ganz Kirchsteinering net glesen, und wenn, dann nur hinterm Rücken vom Herrn Dekan!«

»Wenn Sie mich mal zu Wort kommen lassen würden, hätte ich Ihnen längst erklärt, daß ich für das *magacin* schreibe, aber nicht damit hausiere. Ich wollte ja nur fragen, ob hier der Herr Geistliche Rat Guggenberger wohnt.«

»Der Dr. Guggenberger? Sie mechten also garnet zum Herrn Pfarrer, sondern zum Herrn Benefiziat?«

Nun war ich völlig durcheinander: »In der Regierung von Ober-

bayern hat man mir gesagt, ich soll hier versuchen, den Geistlichen Rat Guggenberger zu treffen, und der sei Pfarrer.«

»De von der Regierung, de verstehn ja nix von da Kircha, weil der Pfarrer is ja der Dekan. Aber beim Geistlichen Rat handelt sich's um den Herrn Benefiziat Dr. Audomar Guggenberger.«

»Er wohnt also doch hier?«

»Was hoaßt hier? Indem daß der Guggenberger Benefiziat is, wohnt er natürlich im Benefiziatenhäusl da hint am End von der Sackgasse. Und überhaupts, was wolln denn Sie vom Benefiziat? Der Mann is fei ein wissenschaftliches Forschergenie und hätt Professor werdn könna, wenn er net zu gscheit gwesen waar, so daß eam direkt a weng ins obere Stüberl neigrengt hat.«

Wie es mir schließlich doch noch gelungen war, diesem geschwätzigen Zerberus zu entrinnen und in die Wohnung des pensionierten Theologen Guggenberger zu geraten, könnte ich heute auch nicht mehr sagen. Jedenfalls saß ich mit einemmal in seinem Häuschen, wo er übrigens das Parterre bewohnte und von einem oberen Stübchen überhaupt keine Rede sein konnte. Und sowas von nett, wie dieser Mann! An dem war direkt ein Opa verlorengegangen, aber er schien an Zölibat oder so etwas Ähnlichem zu leiden, wie er mir anzudeuten suchte. Egal, schließlich hatte mich nur das Gerücht zu ihm geführt, daß dieser Privatgelehrte und Austragspfarrer übersinnliche, wenn nicht gar überirdische Kräfte haben solle.

Ich hatte den Hinweis erhalten, daß ein Pfarrer vom Religionsunterricht ausgeschlossen worden war, weil er sich nicht auf Himmel und Erde konzentrieren könne und stattdessen ständig im Zwischenbereich spekuliere. In der Schule müsse er aber biblische Geschichte und nicht Gespenstergeschichten erzählen oder Wolpertingerglauben verbreiten. In der Entscheidung von Regierung und Ordinariat hatte es ferner geheißen, als Benefiziat von Kirchsteinering solle er sich fortan auf seine wahre Sendung besinnen, nämlich »zu weihen und nicht weihatzen zu lassen« – theologische Feinheiten, die ich natürlich nicht verstand. Aber wenn an dem Gerede der einfachen Leute etwas dran sein sollte, daß Wolpertinger – bei Ta-

geslicht gesehen – das nahe Ende oder geistige Umnachtung ankündigen, dann mußte mir dieser Mann am ehesten erklären können, was es mit diesen ahnungsvollen Dämonen der Berge auf sich hat, die einen Menschen aus den Alpen in den Tod oder in den Wahnsinn treiben können.
Benefiziat Guggenberger saß mir mit einem milden, über alles Irdische erhaben scheinenden Lächeln gegenüber. Jedesmal wenn sein unruhig über die schier endlose Bücherwand gleitender weltferner Blick an mir hängen blieb, strich er sich verlegen über den feinen Scheitel seines dünnen grauen Haares, das sein blasses Gelehrtengesicht noch durchgeistigter erscheinen ließ.
Als ich ihm zur Beruhigung versichern wollte, daß das *magacin* keineswegs seine ungewöhnlichen Forschungsarbeiten verunglimpfen wolle, winkte er nur mit einer sanften Geste der Überlegenheit ab: »Lassen Sie nur, verehrte Dame. Ich weiß, was ich weiß. Hauptsache, Sie schreiben über mich, was immer Sie darüber denken mögen. Damit die Welt sieht: So tot, wie mich die Kirchenzeitung schweigt, bin ich noch lange nicht. Sie können mir nicht schaden, Sie können mir nicht nützen, denn ich lebe über den Dingen und bin in der Hand des Herrn.«
Sein Ehrgeiz liege nicht auf der Ebene professoraler Ruhmsucht oder gar hierarchischer Macht, sagte er abgeklärt. Er habe die Intrigen der Herren Rahner, Ratzinger, Burger und Küng überstanden, die ihn als Konkurrenz in der theologischen Diskussion ausschalten wollten, nur der alte Schmaus habe ihn ermutigt, ohne ihm zu helfen. Aber seine apokryphen Schriften spekulativer Theologie seien trotzdem auf mysteriöse Weise in Rom zum Pontifex maximus vorgedrungen. Und der werde wissen, wann es Zeit ist, daß er die noch in pectore bewahrten letzten Geheimnisse ex cathedra der Welt verkünde – auch über die Wolpertinger.
Ehrlich gesagt, ich verstand wenig von dem, was er mir in einer kleinen Einführung erklärte, als er in einem großen Bogen von Platons Schattenreich über die Dämonologie der heiligen Inquisition bis zur apokalyptischen Satanistik des theologischen Neorealismus den

geistigen Hintergrund all jener prophetischen Vorahnungen aufriß, die ihn letztlich auch auf das Geheimnis der Wolpertinger stoßen ließen.

»Lassen wir einmal Fürst Satanas, den Diabolus, ganz beiseite, der ist uns in diesem Zusammenhang eine ganze Nummer zu groß«, schlug er vor. »Bleiben wir herunten in der Welt der gewöhnlichen Dämonen, mit denen wir es ja tagtäglich bei jedem Exorzismus zu tun haben.«

Ich wußte gar nicht, daß Exorzismus heute noch derart an der Tagesordnung ist, aber offenbar sind hierzulande noch viele Spezialisten in stiller Kleinarbeit am Werk. Dieser unscheinbare Benefiziat, der viel Zeit für seine Forschungen hatte, verfügte über ein ungemein profundes Wissen, was das Jenseits betraf. Allein seine Ausführungen über einen gewissen Antichrist und seine zwei apokalyptischen Tiere ließen mich aufhorchen: von den sieben Köpfen des Drachen der Hybris und zehn Hörnern war da die Rede*, mit zehn Kronen auf jedem Horn, an dem man sofort den Protagonisten der metaphysischen Katastrophe erkennen könne – und zwar zu Wasser, zu Lande und in der Luft. Es war wahnsinnig aufregend.

Aus dieser Gesamtschau heraus wurde mir plötzlich auch klar, was er meinte, als er mir aus seiner unterdrückten Habilitationsschrift das Zitat** eines bedeutenden Satanologen vorlas: »Die diabolische Wirklichkeit der widergöttlichen Existenz im widergeistigen Menschen macht sich auch in der menschlichen Geschichte seit jener mystischen Schuld bemerkbar, realisiert sich in manchen Vorläufern jenes ›Antichrist‹, von denen große religiöse Dokumente seherisch künden. Die diabolische Existenz ist eine geschichtlich wahre, reale Macht. Sie ist das gewalttätige Dawidersein an sich.«

»Wenn man das natürlich so sieht«, stammelte ich verlegen und etwas beschämt wegen meiner vergleichsweise doch recht oberflächlichen Schulkenntnisse auf dem Sektor des theologischen Okkultismus. »Da sieht ja manches in der Welt ganz anders aus. So be-

* Apk 12,3–13,1.

** Alois Winklhofer, »Traktat über den Teufel«, Frankfurt a. M., 1961, S. 200.

kommen freilich die Wolpertinger eine parapsychologische Dimension.«

Der Benefiziat lächelte mich dankbar an und machte mit ausgebreiteten Armen jene große gütige Geste, wie ich sie von den Fotos bei Papstaudienzen kannte. »Sehen Sie, mein Kind«, fuhr er fort, und ich hing gebannt an seinen Lippen, obwohl ich von anderen Männern die Anrede »mein Kind« nicht ausstehen kann, »sehen Sie, meine etablierten Kollegen, die in den theologischen Fakultäten eifersüchtig lauern, daß ja nicht ein wirklich wacher Geist einmal hinter die Dinge sieht, diese sogenannten professores, sie sind allein auf Gott und den Menschen fixiert – und was übersehen sie dabei? Den Kosmos!« Er hielt inne, um meine Betroffenheit zu genießen. Dann verdeutlichte er: »Sie übersehen die Theologie des schon von seiner Genesis her apokalyptisch determinierten Kosmos.«

»Und wo, Doktor, würden Sie in diesem Kosmos den Wolpertinger einordnen?« versuchte ich ihn vorsichtig von seinem philosophischen Höhenflug herunterzuholen.

Er wiegte den Kopf hin und her, und man merkte, daß er sich die Antwort nicht leicht machte: »Exegetisch können wir den Wolpertinger nicht packen, da er biblisch wie dogmatisch frei disponibel ist oder – wie wir bayerischen Theologen sagen – weil er weihatzt! Er gehört somit in die präbiblische transzendentale Fundamental-Spekulation über die koboldinischen Mächte, wie sie uns ja auch ständig in dem naturwissenschaftlich nicht adäquat erfaßbaren Nessie-Kult begegnen.«

»Aha, jetzt sehe ich durch: Sie meinen Dinge, die jeder kennt, obwohl keiner sie gesehen hat?«

»Quod erat demonstrandum! Es geht um die Realität des Irrealen. Es gibt eine physische Existenz, die physisch nicht nachweisbar, aber dennoch rational nicht mehr aus unserer Welt wegzudenken ist – nehmen Sie nur den Osterhasen!«

»Ganz logisch, da stimme ich Ihnen voll zu, aber ganz begreife ich es nicht.«

»Da sind Sie nicht die erste und einzige, mein Kind. Wo der Glaube

an seine Nichtexistenz so lückenlos und systematisch historisch belegbar ist, darf an seiner Realexistenz letztlich nicht mehr gezweifelt werden. Das gilt für den Osterhasen, für den Dämon von Loch Ness und für Vampire ebenso wie für Wolpertinger.«
»Das heißt also, entscheidend ist nicht, ob es sie gibt oder nicht, sondern daß sie aus der Realität nicht mehr wegzudenken sind.«
»Das Tertium Comparationis, das sie gemeinsam haben, ist philosophisch von Descartes nachgewiesen worden mit dem Lehrsatz: cogito, ergo sum – ich denke, also bin ich. Und was für mich gilt, muß nach der Gerechtigkeitstheorie des Thomas von Aquin auch für andere gelten. Also: ich denk mir was, folglich gibt es das. Die Tatsache, daß es unzählige Parallelen gibt, daß also auch andere die Existenz derselben Wesen denken können, schließt den Irrtum einzelner logischerweise aus.«
»Das ist allerdings ebenso schwer zu widerlegen wie zu begreifen.«
»Eben. Gerade daran aber scheitern viele, die an der Oberfläche des Irdischen hängenbleiben. Hinzu kommen aber noch die Indizienbeweise. Nehmen Sie die Vampire. In allen Gegenden, wo der Überlieferung nach Vampire ihr dämonisches Werk vollführen, gibt es den Brauch, viel Knoblauch roh zu essen. Wo man dagegen keinen Knoblauch ißt, wird auch nicht von Vampiren berichtet. Welch anderen Sinn aber kann das Einnehmen und Aushauchen von starkem Knoblauch haben, als durch etwas Scheußliches noch Scheußlicheres abzuhalten. Und wovon sonst soll die Rede sein, wenn es in der Bibel heißt: den Teufel durch Beelzebub austreiben.«
Der Benefiziat redete sich so in Rage, daß er sich vor innerer Erregung an den äußeren Kanten seines Schreibtisches festklammern mußte. Seine Augen wurden immer größer, und die Adern an seinem Hals schwollen an. Als er in wachsender Lautstärke weiterdozierte, begann mich langsam kaltes Grauen zu schütteln: »Wir wissen von den Vampiren, daß Menschen, die mit ihnen in Berührung kommen, für immer verschwinden. Würde es also Augenzeugen geben für die Existenz von Vampiren, wüßten wir mit Sicherheit,

daß es keine Vampire waren, denn sonst könnten die Zeugen ja nicht mehr leben. Und hier liegt für die Koboldologie der fließende Übergang zu den Wolpertingern: zwischen dem warnenden Drachen Nessie und dem bedrohenden Dämon Vampir. Für den Scholastiker gibt es da keinen Zweifel: Die Wolpertinger können Tod oder Wahnsinn der Menschen ahnen und durch ihr Erscheinen ankündigen – ja sogar herbeiführen.«

»Das ist ja geradezu unheimlich. Gibt es da wirklich so gespenstische Beispiele aus dem Leben?« Ich rückte ängstlich mit meinem Stuhl von ihm weg, weil mich seine glühenden Augen zu durchdringen schienen.

»Da gibt es viele Geschichten im Volk. Ich habe das in einem Bändchen zusammengestellt, das Sie für DM 19,80 gerne mitnehmen können. Aber eines haben sie alle gemeinsam – und dies beweist uns, daß der Wolpertinger als Todesengel in den Alpen wesensverwandt ist mit anderen Dämonen, Osterhasen und Vampiren: Jeder, der einen Wolpertinger bei Tageslicht gesehen hat, ist verrückt geworden oder tot.«

Bevor ihm noch die Adern in den Augen platzten, legte ich ihm 20 Mark auf den Tisch, nahm das Büchlein und fragte, schon an der Türe, noch schnell: »Haben Sie schon einen Wolpertinger gesehen?«

Guggenberger steckte das Geld in die Westentasche, lehnte sich entspannt zurück und verfiel wieder in ruhigen Plauderton: »Ja, ich habe einen gesehen. Es war an einem sonnigen Ostersonntag vormittags, als ich mit meinem Pudel . . . HB

Cholera, die rote Ruhr, Diarrhoe

Also der Witz, den der rotgesichtige Conférencier anfangs erzählte, geht so: Ein Preuße kommt am Münchner Hauptbahnhof an und fragt zwei Männer, die er für Einheimische hält, nach dem Stachus, dem Hauptplatz der Bayern-Metropole. Keine Antwort. Er versucht es auf englisch, aber die beiden schauen ihn nur stumm an. Dann probiert er es auf französisch, italienisch. Kein Erfolg. Da geht der Mann achselzuckend weiter. Nun meint der eine Bayer zum andern, denn sie sind tatsächlich Einheimische: »Hund san s' scho, de Preiß'n. Drei Fremdsprachn kennen s'.« Darauf sagt der andere: »Des scho, aber was hat's ihm gnützt.«
Die Leute im Festsaal freuten sich, die Gäste genauso wie die Einheimischen. Tja, die Bayern dürfen eben unfreundlich und grob und ruhig ungebildet sein; den Leuten, ganz gleich wo sie herkommen, machen sie Spaß. Sie sind halt die netten Kerle der Nation, ein bißchen doof, aber auch wieder lieb.
»Wie heißt eigentlich der Ort hier gleich wieder«, fragte ich meinen Tischnachbarn, einen hageren Mann Ende dreißig in Jeans und Pullover.
»Polding.«
»Ich dachte, das wäre Ruhpolding hier«, stieß ich nach.
»Na, Polding. A Ruah gibt's hier scho lang nimma«, antwortete er ein bißchen muffig.
Die Veranstaltung, die Johnny und ich besuchten, nannte sich Weißblauer Wolpertinger-Abend – Grund genug für uns, hierherzufahren – und sah »zahlreiche führende Trachtengruppen« auf der Bühne. So war's jedenfalls auf den Plakaten zu lesen. Im Mittelpunkt stand ein typisches Theaterstück mit dem verheißungsvollen Titel »Das Vermächtnis der Wolpertinger«. Der eigentliche Clou kam aber erst zum Schluß. Doch ich will der Reihe nach erzählen.
Zuerst schmetterte die Blasmusik eine halbe Stunde lang los. Das ist bei bayerischen Volksbelustigungen ohnehin schon die halbe

Miete und gehört zusammen wie der Freistaat und die CSU. Das Repertoire war übrigens gar nicht so eng. Neben bayrisch-oberkrainischen Sachen spielten die 20 Mann preußische Märsche und rheinische Weisen zum Mitschunkeln, während eifrige, aber zumeist mißgelaunte Bedienungen bis zu einem Dutzend Bierkrüge auf einmal austrugen und auf die langen Tische hämmerten. Die schweren Glasgefäße waren sicherheitshalber nur zur Hälfte eingeschenkt, sonst hätten die Frauen auch beim Transport zuviel verschüttet. Als ich mir diese Erkenntnis von unserer Bedienung bestätigen lassen wollte, rief die Person: »Red amoi da drüber mit'm Schenkkellner, der war früher beim Boxclub Freilassing.« Danach hatte ich sie aber gar nicht gefragt.

Mit viel »Eins, zwei, gesuffa« kamen die Leute schnell in Stimmung. Ich merkte sofort, hier waren halt absolute Profis am Werk. So ein schnelles Anheizen hatte ich eigentlich vorher nur bei einem nächtlichen Sangria-Fest in Mallorca erlebt.

Unser Tischnachbar gefiel sich allerdings als rechter Stimmungsmuffel. Er verzog keine Miene, als der Conferencier weitere Seppl-Witze vom Stapel ließ, und rückte gleich ein bißchen von mir ab, als es im Saal ans Schunkeln ging.

»Hören Sie, warum kommen Sie eigentlich hierher, wenn es Ihnen keinen Spaß macht«, fragte ich ihn direkt.

»Des wird vielleicht no gschpaßig«, meinte er irgendwie trotzig, »schließlich is des a Wolpertinger-Abend.«

»Es sollen ja tatsächlich echte, lebende Wolpertinger vorgeführt werden«, hakte ich nach. »Die Mitwirkung ist sogar auf den Plakaten angekündigt.«

Worauf der Mann nur mit höhnischem Unterton entgegnete: »Hoffentlich wirken s' mit.«

Das eigentliche Programm begann mit einem Duo, das die Schönheiten Bayerns besang. Allerdings mußte es sich um eine Ecke handeln, in der wir noch nicht recherchiert hatten. Es handelte sich ausschließlich um Berge mit Almen, auf denen schöne Sennerinnen in großer Freiheit leben und nur ab und zu das Büchsel knallt. Beim

Refrain verrenkten sich der Mann und die Frau in einem atemberaubenden Tempo die Kehlköpfe. Das war Jodeln. Textlich hörte es sich an wie *Cholera, die rote Ruhr, Diarrhoe* und andere schwere Krankheiten, aber Johnny klärte mich auf, während er seine Kameras und die Vorsatzgeräte auf den Tisch packte.
»Sie tun immer iber das Rihrei singen. Beispielsweise ist beliebt ›Hole er das Rihrei‹ und solchene Sachen.« Das war schon einleuchtender für ein Agrarland.
Einige Gäste aus dem Ruhrgebiet durften auf die Bühne kommen, um sich in einem Kurzlehrgang das Jodeln beibringen zu lassen. Es fiel freilich ein paarmal das Mikrophon aus, was unseren Nachbarn zu einem höchst hämischen Grinsen veranlaßte.
Die Stimmung im Saal war aber schnell wieder voll da – die Wolpertinger paradierten. Für uns entpuppte sich das Ganze allerdings als arge Enttäuschung. Junge Mädchen in kurzen Dirndlröcken und mit ausgesucht oder in dieser Gegend vorherrschenden großen Busen führten laut juchzend kostümierte Hunde und verschiedenes Federvieh herein.
»D' Erika is natürlich a dabei, die war bei mir in der Schul selba so an Rindviech«, schimpfte mein Nachbar halblaut.
»Aha, Sie sind also Lehrer hier«, wandte ich mich wieder an ihn.
»Ja, ein Radikaler im heimatlichen Dienst, sozusagen, aber ein erfolgloser, wenn i de Erika da oben siech.« Seine Stimme klang resigniert. Ich verstand nicht ganz, was er meinte.
Johnny fotografierte inzwischen die Menagerie, die mit Dackeln begann, denen kleine Hörner aufgesetzt worden waren. Dann kam ein Bernhardiner mit seitlich angebrachten Federn, eine Ente watschelte mit einem Gamsbart geschmückt über die Bühne. Den größten Erfolg aber hatte ein junger, verängstigter Rehbock, der mehr geschoben und gehoben wurde, als er lief. Zwischen seinen kurzen Hörnern war ein Schild befestigt, auf dem zu lesen war: Polding grüßt Preußen. Die Kreation wurde später per Beifall als die gelungenste prämiiert. Beim Abmarsch urinierte ein Dackel gegen die Lautsprecheranlage, worauf diese endgültig ausfiel.

»Der Schaden is ja no vui z' gering«, kommentierte der griesgrämige Lehrer, der diesmal sogar lachen konnte.

Für die nächste Nummer schlurften acht traurig blickende Burschen mit grünen Hüten in ihren Krachledernen auf die Bühne.

»Unsere Buben sind traurig und sauer, weil behauptet wird, auf den Bermudas hätten die Männer noch größere Hosentürl als bei uns in Bayern«, klärte der Conférencier den Saal auf. »30 Zentimeter hoch und 20 Zentimeter breit, das ist dort der Rekord.« Mit seiner Aufforderung, ein paar Damen sollten zum Nachmessen auf die Bühne kommen, rannte der Mann offene Türen ein. Mehrere rasante Mitvierzigerinnen aus dem Publikum waren schnell mit den verteilten Meßlatten zur Hand, und es stellte sich dann heraus: Die Bayern haben die größten. 48 mal 34 Zentimeter wurde gar als Rekord gemessen.

Die acht Glücklichen tanzten ihren berühmten bajuwarischen Schuhplattler. Sie schlugen kräftig auf ihre Hosenböden und auf die Schuhsohlen und riefen sich immer wieder aufmunternde Worte zu. Schließlich sprangen Mädchen mit halblangen weißblau und rotblau karierten Unterhosen unterm Dirndl dazu und drehten sich auf Teufel komm raus, damit man auch viel von der neckischen Unterwäsche sehen konnte. Besonders synchron gelang das allerdings nicht. Als die kernigen Burschen dann noch im Takt der Musik ein paar mit leichter Hand auf die Bühne geschleppte Baumstämme sägten und hackten, schlug sich einer heftig auf den Fuß und humpelte mit schmerzverzerrtem Gesicht davon. Vielleicht gehörte das aber zur Schau.

»Ja, genau so gehört's eana«, bestätigte der Lehrer brummig und fragte plötzlich: »Brauchen eigentlich die Norddeutschen auch Geräte, wenn sie tanzen?« Und ohne meine Antwort abzuwarten, fügte er hinzu: »Des einzige, was erlaubt is, is a Tannazapfa in der Hos'n – aber nur beim Schiaba«.

Das kam mir eher wie Schweinkram vor.

Nach einem kurzen Umbau – es wurde eine gemütliche Bauernstube mit lauter bunten Möbeln auf die Bühne gezaubert – spielten

vom »Funk und Fernsehen her bekannte Schauspieler« das Wolpertinger-Stück.
Es ging darum, ein ziemlich dummes, aber hübsches junges Ding mit einem feschen, aber noch dümmeren Burschen zu verheiraten, weil offenbar die Grundstücke zusammenpaßten. So eine Flurbereinigung via Ehebett. Das Problem dabei war nur, daß der Bursche sich nicht traute und man ihn mit dem berühmten Wolpertinger-Fett auf Vordermann bringen wollte. Die Anwendung war leider nicht zu sehen.
Die Bäuerin, also die Mutter des zaghaften Bräutigams, sagte immer »Nivea« statt »Niveau«, was die Leute im Saal auch beim vierzehnten Mal wahnsinnig komisch fanden; der Bauer saß vorwiegend faul in der Stube, ließ den Rosenkranz heraushängen und stellte nur hin und wieder der Magd nach, die außer sehr langen bajuwarischen Schimpfwörtern wie Himmiherrgottssakramentzefixhallelujabaziverrackta nichts von sich gab. Sie bekam zum Schluß den Knecht, der vor Schmutz starrte, Unmengen von Schnupftabak in seine Stirnhöhlen beförderte und insgesamt als kaum verbesserter Neandertaler dargestellt wurde.
Bei alledem fiel mir auf, daß sich sogar die Einheimischen über diese Art der Selbstdarstellung königlich zu amüsieren schienen.
»Es ist schon verwunderlich«, sagte ich deshalb zum Lehrer, der sich mehrmals die Haare gerauft hatte, »einerseits sind die Bayern sehr leicht reizbar, gerade dann, wenn sie merken, man könnte ihnen möglicherweise mindere Intelligenz unterstellen, andererseits bieten sie sich dar wie der dumme Seppl aus dem Bilderbuch.«
»Dummer Seppl is no z'wenig«, meinte er jetzt plötzlich ganz zutraulich, »gegen diese Bühnen-Bayern san ja d'Ostfriesen Harvard-Professoren. Sie, Sie wer'n mir allmählich sympathisch.« Und dann sagte er ganz feierlich und richtig schön hochdeutsch: »Dieser Krampf ist in Polding beliebter Ersatz für die verlorene Ursprünglichkeit.«
Der Schluß gestaltete sich dann anders als vorgesehen. Der Bauernsohn entdeckte zwar den Topf mit dem Wolpertinger-Fett, womit

die Hochzeitsnacht in Butter war, aber dann kam es zu einem gefährlichen Zwischenfall.
Der Hauptdarsteller kletterte nach der Hochzeit mit der Leiter zum Fenster seiner Angetrauten (ein höchst eigenartiges Verhalten, wo doch alles legalisiert war), als ein Stück der Hauskulisse samt Balkon abbrach. Der Arme fiel fürchterlich auf die Schnauze. Aber leidenschaftliche Schauspieler, wie die Bayern eben sind, lassen sich davon nicht unterkriegen. Der Mann spielte unverdrossen weiter. Wenn man da an die sensiblen Opernsänger denkt. Stellen Sie sich vor, René Kollo fällt in Bayreuth aus dem Schwan – da würde doch abgebrochen.
Offenbar wegen der sich häufenden Pannen geriet die Regie ein bißchen durcheinander. So fiel das angekündigte Schau-Fingerhakeln aus, und man kam gleich zum Watschntanz.
Zuerst wurden die Watschn (das sind bei den Bayern die Ohrfeigen) nur angedeutet, aber plötzlich war's aus mit der Symbolik. Mittendrin im schönsten Tanz rutschte einer der Burschen irgendwie auf irgendwas aus, auf einer merkwürdigen Art Fettfleck, der vorher nicht auf der Bühne war, und traf sein Gegenüber voll auf die Backe. Der war für zwei oder drei Sekunden ganz starr, die Zuschauer klatschten Beifall, man sah richtig, wie sein Gehirn arbeitete, dann schlug er heftig zurück, worauf der andere nicht mehr watschte, sondern Boxhiebe austeilte. Die anderen Tänzer griffen ein, ein paar Mann kugelten artistisch über die Bühne, eine wüste Keilerei setzte ein. Ein ganzes Leiberknäuel schlug von der Bühne auf den Tisch neben uns, die Gäste flüchteten. Johnny knipste, bis ihn ein Maßkrug in die Hüfte traf und wir unter den Tisch in Deckung gehen mußten.
Nach etwa zehn Minuten gelang es dem Kapellmeister und unserem Lehrer, die Streithähne zu trennen. Die meisten Besucher, die zunächst nach vorn drängten, weil sie die Vorführung für eine Art Stuntmen-Einlage hielten, hatten inzwischen den Saal verlassen. Polizei trat auf. Hinter der Bühne ging es noch lautstark weiter.
Ein Tänzer schrie den Conférencier an, sie würden den »ganzen

Schmarrn« nicht mehr länger mitmachen. Eine der Trachtlerinnen sagte, sie würde sich »langsam schämen«, und der Schauspieler, der beim Fensterln abgestürzt war, wischte sich das Blut aus dem Mundwinkel und quetschte hervor: »Mir reicht das Kasperltheater, schreim wir uns halt selba a gscheits Stückl.«

»Vermutlich keins mehr über die Wolpertinger«, sagte – feixend über das ganze Gesicht – der Lehrer. Dann ging er zurück auf die Bühne und ich sah ihn eine Zeitlang nur noch von hinten, wie er auf dem Boden herumkroch. Als er endlich zurückkam, spielte er versonnen mit einer Handvoll merkwürdiger Federn, wie ich sie noch nie gesehen hatte, und mit Haaren zwischendrin wie aus dem Pelz eines Hasen.

»Ja«, sagte er halblaut, mehr zu sich selbst, »alles lassen sa se halt doch net gfalln.« Fi

Ein Liftdirektor sieht mehr

Heimgekommen war ich um 4 Uhr früh schon oft genug, denn bei uns in Hamburg sind ja bekanntlich die Nächte lang und nicht allein zum . . . na, jedenfalls hatte es sich nicht selten dabei auch um eine Art »Pirsch« gehandelt. Aufgestanden jedoch war ich meiner Erinnerung nach um diese Morgenstunde noch nie und schon gar nicht, um zu einem echten Jagdausflug aufzubrechen. Ich konnte nur hoffen, daß die beiden Herren, die mich vor dem Gasthof Hubertus in Schneizlreuth abholten, die Dämlichkeit, die mir um diese Stunde in meinem unausgeschlafenen Gesicht stand, auf das noch matte Licht der Morgendämmerung zurückführten.

Wenn ich um diese Tageszeit schon auf Männer reagieren könnte, hätte ich mich in den Forstmeister Weinzierl auf der Stelle verlieben müssen, denn er entsprach perfekt den Anforderungen eines Ganghoferfilms: etwa 60 Jahre alt, hochgewachsen und schlank, graumeliertes Haar lugte seitlich unter dem schräg sitzenden kecken Jägerhütchen hervor, und sein edles nußbraunes Antlitz schmückte ein von Silbersträhnen durchzogener Kinnbart. Seine munteren, unter dunklen Augenbrauen hervorblitzenden Augen musterten mich mit einem Anflug von Mißbilligung, woraus ich schloß, daß es offenbar doch noch Gelegenheiten gab in Bayern, bei denen man mit einem weit ausgeschnittenen Trachtendirndl – diesmal in Waidmannsgrün mit oranger Schürze – nicht richtig angezogen war.

Der offizielle Jagdgast, den Weinzierl heute auf die Auerhahnjagd begleitete, schien sich an meinem Äußeren nicht zu stören. Der Mann war schwer zu taxieren, denn er wirkte einerseits erheblich jünger, war andererseits aber glattrasiert vom Adamsapfel bis zum Nackenwirbel, Vollglatze also. Sein Gesicht war zerfurcht, und die Stirn hatte so tiefe Falten, daß man unwillkürlich annehmen mochte, er habe sich in Anfällen von Gram alle Haare selbst ausgerauft. Er hatte mittlere Größe und war sehr korpulent, so daß er insgesamt, vom glänzenden Totalscheitel bis zum Ende der prallsit-

zenden Kniebundhose, aussah wie ein Pressack auf Beinen. Das umgehängte Gewehr, das beim Forstmeister so unverzichtbar echt erschien wie auf einem Katalog für Jägerausrüstung, wirkte bei diesem Herrn wie die spontane Bewaffnung eines gehörnten Ministerialrats auf Rachefeldzug.
Ich bedankte mich erst mal für die liebenswürdige Erlaubnis, zur morgendlichen Auerhahnpirsch mitgehen zu dürfen, weil ich doch dabei Gelegenheit haben sollte, zwei als Wolpertingergegner bekannte Jäger im Revier interviewen zu können. Doch schon mit meiner ersten Frage nach Beruf und Motiv in Sachen W. traf ich den Jagdgast, der sich als Direktor Grässel anreden ließ, so waidwund, daß er zu schweißen begann – wie wir in der Jägersprache zu sagen pflegen. Er verzog schmerzlich das Gesicht, und der Forstmeister ging demonstrativ etwas schneller, um sich von uns abzusetzen.
Grässels Hände umkrampften das Gewehr wie die eines Django vom Königssee, als er zwischen den Zähnen hervorquetschte: »Ich kämpfe um vier große ›R‹: mein Recht, meine Rehabilitierung, meine Rache und meine Rente. Man nannte mich den König der Bergbahnen und heute bin ich ein arbeitsloser Alpen-Invalide. Nur zwei Dinge sind mir geblieben: mein Jagdschein und die Gunst meines Parteichefs, der mich stets durch seine Regierung von allen gesetzlichen Einschränkungen der Jagd dispensieren läßt.«
Dann erfuhr ich seine tragische Geschichte. Als Direktor einer der größten Planungs- und Finanzierungsgesellschaften für Bergbahnen aller Art habe er sich hier größte Verdienste um die touristische Erschließung der Alpen erworben. Da und dort hätten ihm zwar »wildgewordene Naturschützer« mit ihren weltfernen ökologischen Schnapsideen die ökonomische Wirtschaftsförderung im Alpenraum vermasseln wollen. Auch die Seil- und Hakenspinner vom Alpen-Verein hätten vergeblich versucht, ihre Exklusivitätsrechte auf alle Berggipfel durchzuboxen gegen den sozialen Anspruch der breiten Masse auf freien und vollständigen Zugang zur Höhenerholung im Alpenglühen. Doch er, Direktor Grässel, habe bald die

meisten Gemeinden fest im Griff seiner GmbH gehabt. »Wissen Sie, da gibt es bewährte Verfahren, und wenn man die beherrscht, ist der Fortschritt nicht mehr aufzuhalten: man fängt klein an und betreibt zunächst einmal irgendwo den Bau eines einzelnen Lifts, da kann kaum jemand etwas dagegen haben. Dann forciert man die Erweiterung der Beherbergungsbetriebe rund um den Lift; deren Besitzer behaupten dann automatisch, daß erst ein zweiter Lift auf der anderen Seite des Berges einen Skizirkus und damit die Wettbewerbs-Gleichheit mit anderen Gemeinden ergäbe. Zuletzt kann jeder sehen, daß die Anfangs-Kapazitäten für den Bedarf des gestiegenen Fremdenverkehrs nicht mehr ausreichen. Schließlich gehört der Berg uns, und der Weg ist frei für alpine Sozialpolitik: den armen Alpenbewohnern eine stabile wirtschaftliche Basis und Arbeitsplätze in der Tourismusindustrie zu schaffen.«

»Das klingt ja alles recht plausibel«, sagte ich, »denn das deckt sich doch vorzüglich mit der Entwicklung in anderen Teilen der Alpen. Aber was hat Sie denn dann so aus der Bahn geworfen, daß Sie zum Invaliden wurden?«

»Was mich aus der Bahn geworfen hat? Ja, wenn ich das nur beweisen könnte! Aber es war niemand anderer als die Wolpertinger, diese Sabotage-Bestien, einfach, weil – wer sollte es denn sonst gewesen sein? Zunächst haben sie ja nicht mich aus der Laufbahn geworfen, sondern unsere Lifte aus der Bergbahn.«

Direktor Grässel erzählte mit wachsender Verbitterung, was er sicher schon vielen erzählt hat, die weniger Verständnis aufbrachten als ich mit meinen nunmehr beträchtlichen Vorkenntnissen. Ständig seien da und dort Seilbahnen entgleist und Lifte hängengeblieben, ja, sogar aus den Schleppliften seien immer mehr Skifahrer auf unerklärliche Weise mitten in der Spur gepurzelt. Doch weder er noch seine Ingenieure hatten technische Gründe für die zwar vorübergehenden, aber doch ruf- und geschäftsschädigenden Pannen finden können.

»Erst als einer dieser Alpenvereinsheinis auf einer Pressekonferenz mit dem verräterischen Zwischenruf von der ›Rache der Wolpertin-

ger‹ einen entscheidenden Hinweis gegeben hat, gingen uns die Augen auf. Die Wollknäuel zwischen den Rädern mußten also nicht von verlorenen Pullovern herrühren und die Häufchen unterhalb der Liftstrecke nicht von ›Not-Losungen‹ der Sesselliftfahrer!«
Daraufhin, so berichtete der ehemalige Bergbahn-Boß, habe er begonnen, entlang der Liftschneisen Fallen aufzustellen und zu Füßen der Masten vergiftete Fledermäuse und Enteneier auszulegen. Nur, persönlich zu Gesicht oder gar vor die Flinte habe er die feige Brut nie bekommen – bis zu jenem denkwürdigen Spätnachmittag an einem sonnigen Dreikönigstag. Er war zu einer überraschenden Kassenprüfung gekommen, als seine Leute schon dabei waren, den Lift abzustellen.
»An der Talstation warteten wir noch auf den letzten Fahrgast bergab – ein kesses Mädchen im Minirock. Da sah ich plötzlich im Gegenlicht auf ihrem Schoß und auch noch über dem ersten Mast im Wald seltsame Tierchen herumturnen. Sie balancierten, ja tanzten fast wie dressierte Zirkushunde auf dem Hochseil. Ich kniff die Augen zusammen, um sie sicher zu identifizieren, und zischte den Liftarbeiter neben mir an: ›Hol schnell mein Gewehr aus dem Auto!‹ Da erhielt ich einen furchtbaren Schlag von einem Sessel, dessen Armlehne nach außen geklappt war. Durch diesen Schlag verlor ich erst die Besinnung und dann meine Position.«
Letzteres konnte ich mir nun überhaupt nicht vorstellen. Aber die Tragik für Grässel lag offenbar darin, daß ihm weder seine Gesellschaft noch die Versicherung noch das Arbeits- und Sozialgericht die Erklärung seines Betriebsunfalles glaubten. Ihm seien sporadische Seh- oder Hörstörungen als Unfallfolge geblieben, allerdings seltsamerweise dergestalt, daß er keineswegs weniger sehe oder höre als andere, sondern eher mehr.
»Visionen hab' ich immer schon gehabt«, räumte Grässel ein, »Visionen von einem großen touristisch durchgestalteten Alpenpark nach dem Vorbild des amerikanischen Walt-Disney-Lands. Aber Halluzinationen lass' ich mir nicht anhängen, weder optisch noch akustisch. Ich weiß nicht, warum mich diese boshaften Biester ver-

auf 1000 m

folgen. Aber ich treibe die Prozesse weiter bis zur letzten Instanz, und wenn ich endlich zum Schuß komm', dann knall' ich in Karlsruhe einen Wolpertinger auf den Richtertisch!«

In seinem juristischen Kern ging dieser Rechtsstreit offenbar darum: Für Wolpertinger ist eindeutig der bayerische Staat verantwortlich und infolgedessen bei nachweisbar grobem Unfug derselben regreßpflichtig. »Nun stehen zwei Thesen gegeneinander«, fuhr Grässel fort, »und sind beide nicht beweisbar: Ich sage, daß ich zuerst Wolpertinger sah und mich deshalb der Sessellift streifte, und meine Prozeßgegner behaupten, daß mich erst der Sessellift streifte und ich deshalb plötzlich Wolpertinger sah. Habe ich nun einen Unfall gehabt, weil ich irritiert war, oder bin ich irritiert, weil ich einen Unfall hatte? Außerdem seh' ich ja immer wieder Wolpertinger, doch diese Tagesgespenster gaukeln mir Sachen vor, die viel zu unsittlich sind, als daß ich sie in Gegenwart einer Dame in den Mund nehmen möchte.«

Der Oberförster war während der letzten Sätze wieder neben uns hergegangen, weil die bereits geteerte Forststraße zu dem Auerhahn-Biotop dies leicht ermöglichte. Er versuchte nun demonstrativ, seinen Jagdgast von diesem letzten Thema, das ihn sichtlich erregte, abzulenken, indem er ganz allgemein über die grundsätzliche Einstellung des Staatsforstes zu Wolpertingern und Naturschutz sprach. Und da hatte ich wirklich Glück gehabt, denn dieser Weinzierl schien alle Hintergründe zu kennen.

»Der Umweltminista mecht den Wolpertinger unter Naturschutz stelln, der Landwirtschaftsminista möcht sich nur auf Schonzeiten und Ersatz eventueller Flurschäden festlegen lassen. Aber mir, der Staatsforst, bleiben gegenüber beiden hart und greifen durch.«

Dann erfuhr ich, daß Wolpertinger von der obersten Jagdbehörde nicht zum jagdbaren Wild, sondern zum sogenannten »Raubzeug« gezählt werden und somit von den Jagdberechtigten beliebig abschießbar sind wie streunende Katzen und wildernde Hunde. Außerdem sei die Bejagung einzelner Tiere bisher so gut wie aussichtslos gewesen, ebenso der Versuch einer Begasung unterirdischer

Baue und Höhlen, weil Wolpertinger offenbar von übersinnlichen Kräften geschützt sind.

»De Luada kann ma nur ausrotten durch eine perfekte Gesamt-Konzeption und koordinierte Maßnahmen, mit denen man s' in die Steilwände neitreibt. De Berghänge werdn im Winter ohnehin als Pisten so glattgwalzt, daß de Wolpertinger sich nimmer halten können. Da purzeln s' nur so runter, trotzdem daß sie verlängerte Talfüaß und verkürzte Bergfüaß habn.«

Zu diesen Maßnahmen zählte Weinzierl unter anderem auch den Bau möglichst vieler und möglichst breiter Teerstraßen durch Wälder und Wiesen.

»De Teerstraßen salz ma dann im Winter sauber ein«, schwärmte Weinzierl, »des beißt eana de Bäuch dermaßen auf, daß sie obn gar nimmer drüber laufen könna. Und unten, wenn sie sich durchgraben, wissen s' nie, wo s' san, und haun sich immer beim Auftauchen de Köpf an und gehn ein. Diese Aufschlagstellen gebn mir dann schlauerweis immer als Frostaufbrüche aus, damit de narrischen Naturschützer net rebellisch werdn.«

Die Tatsache, daß das ätzende Streusalz im Frühjahr in alle Gewässer einfließt, verleidet den Wolpertingern laut Weinzierl dann die Überquerung von Bächen, Flüssen und Seen. »Des Gschwatz vom Fischereiverband und vom Naturschutz, daß da statt der Gebirgsbachforellen bald nur noch Salzhering rumschwimma, des laßt de Behörden vom Forst und vom landwirtschaftlichen Wegebau völlig kalt. Warum, Gebirgsbach-Matjes san doch aa net schlecht und volkswirtschaftlich wertvoll, oder?«

Überhaupt sei für den rechtverstandenen Naturschutz ohnehin seit jeher der Staatsforst zuständig, meinte Weinzierl, denn der habe erst einmal eine Ordnung in die Natur gebracht. »Früher san ja de Baam grad gwachsen, wia sie wolln habn, des hat vielleicht ausgschaugt! In dem Durcheinander, da hats de Wolpertinger grad taugt. Und schaun S' eana heit unsere Staatsforste an: wia d' Soldaten stehn s' da, unsere Baam: gleich hoch, gleich dick und pfeilgrad in Reih und Glied. Ohne Ordnung in der Natur gibts keinen Schutz!«

Mittlerweile waren wir an der Lichtung angekommen, wo das Auerwild einzufallen pflegt. Sie schickten mich über eine wackelige Holzleiter auf einen Anstand hoch, von dem aus der Platz gut zu überschauen war. Die beiden Jäger versteckten sich hinter einem Holzstoß am Rande der Lichtung. Es dauerte mindestens eine halbe Stunde, bis sich etwas rührte, und ich hatte stark mit dem Schlaf zu kämpfen. Da wurde ich plötzlich durch den kräftigen Flügelschlag dieser etwas schwerfälligen Hühner aufmerksam: zunächst zwei, dann fünf Exemplare, die erst vorsichtig das Gelände sondierten. Ein Hahn war dabei, der sich gleich aufzuplustern begann, wie das Männer überall zu tun pflegen.

Erwartungsvoll blickte ich zum Holzstoß, ob unsere Jäger schon zum Schuß ansetzten. Doch zu meiner Überraschung zielte Direktor Grässel nicht mit dem Gewehr auf den Auerhahn, sondern schaute wie fasziniert durch den Feldstecher zu mir auf meinen Hochsitz.

»Das hat doch mit Anstand nichts mehr zu tun«, schrie er plötzlich zu mir herüber und in derselben Sekunde flogen die massigen schwarzen Vögel auf und verschwanden hinter den Baumwipfeln. Ich war mindestens ebenso verschreckt wie das Auerwild, nur konnte ich nicht wegfliegen. »Was fällt Ihnen ein, hier als Frau nackt im Wald herumzusitzen und Wolpertinger auf dem Schoß zu haben?« herrschte er mich laut an.

Völlig verwirrt stieg ich züchtig über die Treppe wieder hinunter und zuckte angesichts meiner vollen Bekleidung nur verständnislos die Achseln. Doch der Forstmeister nahm mich gleich beiseite und klärte mich auf: »Ganz ruhig bleibn und jetzt gar nix sagn. Des war wieder so eine Halluzination, mit der de Wolpertinger den von seinem Auerhahn abgelenkt habn – eine Art Gegen-Balz. Seit ihn damals der Sessellift gstreift hat, sieht er überall, wo Frauenfüaß runterbaumeln, plötzlich nackerte Weiber mit Wolpertingern.«

»Aber das ist ja schlimm!« flüsterte ich und schaute mitleidig zu dem wütend auf- und abgehenden Jagdgast hinüber.

»Wie kann man sich denn das erklären?«

»Die jagdliche Forschung tappt da noch im Dunkeln. Aber es gibt a Theorie, und de hat was für sich: In dem fraglichen Liftsessel müassen Wolpertinger gsessen sei und ham den Grässel von oben anbieselt. Denn der Wolpertinger-Dings – äh, Pipi – ätzt ja bekanntlich net bloß de ganzen Haar weg, sondern aa de Potenz. Und so von aller Manneskraft ausgelaugt, passiert dem des gleiche wia am Verdurstenden in der Wüste, bloß auf erotisch: Mangelerscheinungen bewirken eine Fata-Morgana!« HB

Die Strafsache Schneider

Im folgenden gebe ich kommentarlos Auszüge aus dem Original-Urteil wieder, welches das Amtsgericht/Schöffengericht Bad Tölz unter Vorsitz des Amtsrichters Korbinian Huber in der Strafsache Schneider Josef unter dem Datum des 28. Oktober 1976 gefällt hat (AZ JS 267/76). Wegen einfachen Diebstahls verurteilte damals das Gericht – im Namen des Volkes – den Angeklagten Schneider Josef, Mesner in Lenggries, geboren am 2. Oktober 1938, verheiratet dortselbst, zu einer Gefängnisstrafe von sechs Monaten. Die Strafe wurde zur Bewährung ausgesetzt.

Aus der schriftlichen Urteilsbegründung:

In der Nacht zum Freitag, dem 16. April 1976 wurde der Angeklagte nächtens von einer Polizeistreife in der Apotheke seiner Heimatgemeinde Lenggries angetroffen. Die Polizeibeamten F. und H. hatten eine routinemäßige Kontrollfahrt durch die Gemeinde durchgeführt und waren pflichtgemäß aus ihrem Polizeifahrzeug gestiegen, als sie aus der schwach erleuchteten Apotheke verdächtige Geräusche vernahmen. In der Apotheke fanden die beiden Zeugen den Angeklagten vor, welcher eine Aktentasche mit sich führte. Bei einer Einsichtnahme in dieselbe ergab sich, daß die Tasche angefüllt war mit 16 Dreierpackungen Kondomen, Marke »Fromms gefühlsecht« und 20 Packungen Ovulationshemmern, im Volksmund Antibabypillen. Die vorbezeichneten Präparate sind in der Apotheke erhältlich. Nach Aussage der beiden Beamten hat der Angeklagte, zur Rede gestellt, heftig jede strafbare Handlung geleugnet. Nach seiner Aussage, die der Angeklagte auch vor Gericht wiederholte, habe er am fraglichen Abend ein »seltsames Wesen« verfolgt, das er als eine »Mischung aus Tier, Zwerg und Vogelscheuche« bezeichnete. Dieses »Wesen« habe auf der Flucht vor ihm unablässig jene Packungen mit den Antikonzeptionsmitteln verloren und habe sich schließlich in die unverschlossene Apotheke zurückgezogen. Dort müsse es entkommen sein, während er, der

Angeklagte, die erwähnten Packungen in seiner zufällig mitgeführten Aktentasche gesammelt habe.
Diese Einlassungen des Angeklagten sind zur Überzeugung des Gerichts unglaubwürdig und haben sich auch in der Hauptverhandlung nicht erhärten lassen. Nach der allgemeinen Lebenserfahrung, wie sie in zahlreichen Entscheidungen auch vom Bundesgerichtshof (z. B. Bd. 8/S. 276ff.) und vom Bayerischen Obersten Landesgericht (Bd. 16/S. 124) herangezogen worden ist, kann die Existenz eines Wesens, das »eine Mischung aus Tier, Zwerg und Vogelscheuche« ist, nicht glaubhaft gemacht werden. Daran ändert auch der Hinweis der Verteidigung in der Hauptverhandlung nichts, daß es »mehr Dinge zwischen Himmel und Erde gibt, als Eure Schulweisheit sich träumen läßt, Horatio«. Das Gericht verweist in diesem Zusammenhang darauf, daß es ungehörig ist, das Gericht mit »Du« anzusprechen, dies um so mehr, als der apostrophierte Horatio dem Amtsgericht/Schöffengericht Bad Tölz nicht angehört.
An dieser oben dargelegten Überzeugung des Gerichts konnte auch die Aussage des Zeugen Sandbauer nichts ändern, der als Pfarrer der Gemeinde Lenggries und als Dienstherr des Angeklagten diesem das denkbar beste Zeugnis ausgestellt hat. Der Ansicht des Zeugen Sandbauer allerdings, bei dem vom Angeklagten angeblich beobachteten, in Wirklichkeit aber nur vorgeschützten »Wesen« könne es sich nur um den sogenannten »Beelzebub« handeln, der »schon häufig in den verschiedensten Gestalten aufgetreten« sei, kann das Gericht keinesfalls beipflichten.
Es verweist in diesem Zusammenhang a) auf die zitierte Rechtsprechung der oberen Gerichte in Sachen allgemeine Lebenserfahrung und b) darauf, daß ein Beelzebub im gesamten Bereich des Landgerichts München II nicht ein einzigesmal aktenmäßig erfaßt ist. Das Gericht muß die Ausführungen des Zeugen S. deshalb als verständlichen Versuch zurückweisen, die kriminelle Handlungsweise des Angeklagten nachträglich zu rechtfertigen. Bei der rechtlichen Würdigung der Tat hat das Gericht die Einlassung des Angeklagten

nicht mit letzter Sicherheit widerlegen können, daß die Tür der Apotheke am Abend der Tat unverschlossen gewesen sei. Das Vorliegen der Tatbestandsmerkmale des § 243, Abs. I, S. 1 StGB konnte deshalb nicht erwiesen werden, weshalb eine Verurteilung lediglich aus § 242 erfolgt ist ... Bei der Strafzumessung konnte zugunsten des Angeklagten berücksichtigt werden, daß er sich bisher straffrei geführt und zusammen mit seiner Ehefrau sechs Kinder gottesfürchtig erzogen hat. Strafverschärfend mußte ihm angerechnet werden, daß er sich bisher bei zahlreichen Anlässen als entschiedener Gegner jeder Form von Empfängnisverhütung hervorgetan hatte und den Gedenktag des Erlasses der Enzyklika »Humanae Vitae« – wie er des öfteren am Stammtisch betonte – mit seiner Frau alljährlich als besonderen Festtag beging. Ein solches Verhalten in Verbindung mit dem Diebstahl von Empfängnisverhütungsmitteln kann nach Auffassung des Gerichts nur als heuchlerisch bezeichnet werden.
In Würdigung all dieser Umstände und zur Abschreckung einer breiteren Öffentlichkeit mußte das Gericht auf eine Strafe von sechs Monaten Freiheitsentzug erkennen. Die Verbüßung der Strafe konnte auf die Dauer von drei Jahren zur Bewährung ausgesetzt werden.

Bad Tölz, den 28. Oktober 1976
Huber, Amtsrichter

Eine kleine Anmerkung gehört meiner Ansicht nach unbedingt hierher, in Gestalt einer einspaltigen Meldung, die ich im »Tölzer Kurier« vom 3. August 1977 fand. Hier der Wortlaut der Meldung: »Überraschend und sprunghaft zugenommen hat die Zahl der Geburten in der Gemeinde Lenggries im Monat Juli, sowie Anfang August. Mehrere Geburten sollen erfolgt sein in Familien, in denen an keinerlei Nachwuchs mehr gedacht war. Die Polizei geht Gerüchten nach, wonach in mehreren Packungen von Präservativen an denselben kleine Beißspuren gefunden worden und daß weiter in Schachteln von Antibabypillen diese gegen kleine weiße Zuckerpillen ausgetauscht worden seien. Wer immer sich solche Frechheiten erlaubt

hat, der »Tölzer Kurier« meint, daß er sich um den Bestand der Gemeinde Lenggries und damit auch Bayerns in einem gewissen Sinne sehr verdient gemacht hat.«
Und noch eine kleine Notiz aus derselben Ausgabe: »Ihrer vierten Tochter hat gestern die Gattin des Amtsrichters Korbinian Huber das Leben geschenkt. Wir gratulieren!« rhy

Ein Hias, ein Knut, ein Hof

Der Wagner Hias war Bankangestellter und Heimatpfleger. Er galt als großer Experte für bayerisches Brauchtum. Wenn einer mir das Geheimnis der Wolpertinger begreiflich machen könne, dann er, hatten mir viele Leute hier im Chiemgau geraten.
»Wolln S' mi verarschen?« hatte er grimmig gefragt, als ich ihn anrief, um mich mit ihm zu verabreden, und dann hatte er mich ans Heimatmuseum verwiesen, wo ich einen ausgestopften Wolpertinger sehen könne.
Als ich dann trotzdem nach der Besichtigung bei ihm in der Raiffeisenbank auftauchte, schien er sehr beeindruckt, weil ich sagte: »Was Lebendiges ist mir lieber!«
»Mir scho aa«, meinte er schmunzelnd und blickte mir tief und lange forschend in die Augen. Aber erst als er hundertprozentig überzeugt schien, daß ich es ernst meinte und nichts Hämisches über die rückständigen Bayern schreiben wollte, erklärte er sich schließlich bereit, mit mir das schwierige Unternehmen eines Wolpertingerfangs nach der alten, klassischen Methode zu versuchen. »Aber erst am Nachmittag, da gehn wir rauf zur Bergwachthüttn. Zuerst muaß i nämlich mit dem Gemeindeschreiber Girmindl zum Thalhammer-Hof.«
Plötzlich faßte er sich an den Kopf, überlegte kurz und sagte dann:
»Sie, des paßt ganz guat. Der Hof liegt am Weg zur Hüttn, und außerdem hat der auch was mit'm Wolpertinger zu tun.«
Wir waren vielleicht eine knappe halbe Stunde immer leicht bergauf durch herrliche Wiesen gegangen, bis wir den Hof erreichten. Ein prächtiges Haus mit breitausladendem Flachdach, im Erdgeschoß gemauert und darauf ein Stockwerk mit Holzaufbau und Holzbalkon. Es war ein Genuß, davorzustehen und sich daran zu weiden, wie der alte, offenbar stilgerecht renovierte Bauernhof in seiner ganzen wohlproportionierten Architektur in die Landschaft paßte.

Der Besitzer, der gerade vom Heuabladen aus dem Stadel kam, war das Urbild eines bayerischen Bergbauern – so wie ich sie mir immer vorgestellt hatte: Das hagere, wetterharte Gesicht mit den hellen, klaren Augen war von einem dichten blonden Vollbart eingerahmt, auf den Kopf war ein verwaschener und zerbeulter Bergsteigerhut gedrückt und im Mundwinkel hing eine gebogene Pfeife.
»Hawedere, Knut«, brüllte Hias zur Begrüßung. Der Bergbauer mit dem für diese Gegend ungewöhnlichen Vornamen und überraschend hoher Gestalt wirkte aus der Nähe gar nicht mehr so alt, wie ich zuerst gemeint hatte. Um die 50 hätte ich ihn geschätzt. Er gab uns wortlos die Hand, und der Hias stellte uns kurz vor: »Des is der Knut, der Jungbauer von hier, und des is de Heike von Hamburg drobn.«
»Ei no, ein snieke Deern von der Waterkant«, imitierte der Bauer verblüffend treffsicher den plattdeutschen Dialekt.
»Ane Preißin gewissermoaßen«, versuchte ich ihm höflichkeitshalber auch in seinem Dialekt entgegenzukommen. »Oine schwöre Oarbeit is dös, nöt woahr?«
Der Bauer lächelte mich an, dann sah er zu Hias, und der sagte: »Sie meint, daß du eine schware Arbeit haben tust heute, Knut«, übersetzte der Hias überflüssigerweise mein Bayerisch in das, was er für Hochdeutsch hielt – offenbar, um mit seiner ersten Fremdsprache zu prahlen.
»Jou, geht man grad so, nich.«
»Wir gehn noch zur Alm hoch, Knut – Wolpertinger fangen!«
Ein breites Grinsen ging über das Gesicht des seltsamen plattdeutschen Bergbauern aus dem Chiemgau: »Wolpertinger sachste? Schööön!«
»Weißt du, Heike, den Knut haben wir vor fünf Jahren auch zum Wolpertingerfangen geschickt.«
»Ach was! Und Sie haben Erfolg gehabt?«
»Jou, kann man woll sagen.«
»Die Wolpertinger haben aus dem Knut und der Thalhammer Theres ein Paar zusammengebandelt, gell, Knut. Durch dieses ist der

schöne alte Thalhammerhof gerettet worden und hat jetzt einen Ostfriesen als Bauern.«

Ich schaute ungläubig von einem zum anderen, aber was sie meinten, als sie sich zuzwinkerten, wurde mir auch nicht klar.

»Jou, nu man tau. Ham lang genug gesnakt«, murmelte Knut.

»Hast recht, gehn ma nei und mach ma den Zuschußantrag fertig«, stimmte ihm der Wagner Hias zu, »der Girmindl werd scho no komma.«

Hias und Knut gingen ins Haus. Ich spazierte lieber heraußen ein bißchen herum und schaute mir den alten Hof noch genauer an, bis mich das Geräusch eines scharf bremsenden Fahrrads erschreckte. Es war dieser widerlich geschäftige Gemeindesekretär Girmindl, der mich auf meine erste Anfrage hin zuerst sinnlos bequatscht und dann zum Wagner Hias geschickt hatte.

»Gfallt Ihnen vielleicht die alte Hüttn?« sagte er spöttisch.

»Wieso, gefällt Ihnen der Hof nicht? Der ist doch einmalig schön und schaut auch noch richtig echt aus«, hielt ich ihm entgegen.

»Ja ja, echte bayerische Gebirgstrachten-Rückständigkeit, für Preißen konserviert als Älpler-Museum«, sagte der Girmindl giftig, während er sein Fahrrad an den alten Steinbrunnen lehnte.

»Mir gefällt das Haus, nicht weil es rückständig ist, sondern weil es Stil hat und eben noch original ist.«

»Originell? Freilich, komisch moanan S'! Eich Stadtleit gfallt des, weil des romantisch is – fürn Urlaub natürlich. Weil dahoam, da lebts Ihr natürlich vornehm, modern und mit Ia Komfort nebst alle Schikanen – wia aus dem Katalog. Aber der Bauer da, der Thalhammer, der hat zuerst seine letzten Baugründ in Ortsnähe vakaffa müassn, damit seine zwoa jüngern Töchter habn heiraten könna. Und dann is er dagsessen mit seiner alten Hiaba und mit der ältern Tochter. De hätt an Hof kriagn solln, hat aber koan Mo net kriagt, trotzdem daß sie gar net schierlich is. Weil wer mag denn heit no da herobn a Gründlandbauer werdn mit 15 Küah . . .«

»Was hat das denn damit zu tun, ob der Bauernhof schön aussieht oder nicht?«

»Von außen schaut er natürlich net schlecht aus, so wia er is, rein landschaftlich, moan i. Aber von innen muaß so an altes Haus natürlich modernisiert werdn!«
»Ach, Krampf«, meldete sich plötzlich der Hias, der unbemerkt herausgekommen war, weil er offenbar unsere heftige Diskussion gehört hatte. »Innen is in dem Hof alles eingricht, was ma heit braucht: fließendes Wasser, Bad, WC, Zentralheizung. Und trotzdem ham mir den alten Stil erhalten!«
»Alten Stiefe, wennst sagst, is besser«, stichelte der Girmindl wieder nach und bleckte seine reparaturbedürftigen Zähne. Der Hias winkte nur resigniert ab und ging verärgert wieder ins Haus.
»Alte Schränk und Truhen abboazen, lauter solche Faxen hat er im Sinn, der Hias!«, schimpfte der Gemeindeschreiber vor sich hin. »Statt daß er denen hilft, daß s' den Krempel an a paar spinnerte Sammler in der Stadt verscherbeln und scheene neie Stilmöbel kaffa könna. Sie glaubn ja garnet, was mir als Gemeinde für Schwierigkeiten habn mit dem Denkmal-Hias und seine altertümlichen Marotten im Kopf!«
»Sie mögen den Hias wohl nicht?« fragte ich ihn etwas spitz.
»Mögn? Den Hias? Menschlich mögn mir den Hias alle, weil des is ja so a zünftiger Bursch. Ja, wenn der net so nett und hilfsbereit waar, hätten mir den scho längst zum Deifi ghaut als Heimatpfleger. Aber leider macht er halt net bloß des scheene Trachtlerische und de Brauchtumspflege und solchene gsunden Sachen. Naa, er muaß sich aa no in den ganzen Schmarrn mit dem Denkmalschutz verbeißen und gegen alles ostänkern, was mir baumassig in der Gemeinde machan: ob da oana an saubern neia Supermarkt im Dorf baun will oder anderne ihre alten Häuser aufstocken oder anbaun, er wettert wia wuid gegen alles, was fortschrittlich is.«
»Der Hias wird schon seine Gründe dafür haben«, verteidigte ich den Heimatpfleger. »Mich geht es ja nichts an als Hamburgerin, aber vermutlich will er die traditionelle bayerische Kultur erhalten. Deshalb kommen die Touristen ja schließlich her.«
Der Girmindl machte eine wegwerfende Handbewegung und sagte

verächtlich: »Geh, hörn S' mir doch auf mit de Preißen und der Kultur! De wolln sich doch bloß amüsiern über uns, weil mir no so weit hinterm Mond san. Wenn de so eine alte Bruchbude da sehgn, dann finden s' des ›toll‹ und sagn: ›Sowat jibt's ja nur in Bayern!‹ Und hinterrucks lachen s' uns ins Gsicht, weil mir keine neimodischen Häuser nicht haben.«

»So seh ich das aber nicht.«

»Natürlich, des gibt ja niemand zua. Aber schaugn S': Mir habn den Thalhammer beraten in der Gemeinde, und er hat sich nacha von am einheimischen Baumoasta einen Plan macha lassen zum Modernisiern. Damit daß auch der Bauer endlich das Recht kriagt, so zum lebn wia der Stadtmensch! ›Im Mittelpunkt meiner Politik steht der Mensch!‹ hat unser Burgermoasta gsagt. Aber der Hias hat solchene Beziehungen zum Landesamt, daß mir mitsamt unserne Parteispezi nix mehr macha habn könna. Wenn i der Thalhammer gwesen waar, hätt i nacha glei garnix gmacht und alles verfaulen und zammfalln lassen. Aber dann is der Ostfries komma, der depperte, und der is natierlich auf den Hias reigfalln. Jetzt hat er an Hauffa Geld neigsteckt, und 's Haus schaugt wieder aus wia vor 100 Jahr.«

»Was hätten Sie denn hier gemacht?«

»Mei, im ersten Umbauplan war vorgsehn, daß des ganze Holzgraffel da vorn runtergrissen und nei aufbaut werd, dann alles vorn runterputzt, mit a schöna Farb angmalt und oben saubere Balkone rausbetoniert. Innen hätten aa de Zwischenwänd großteils rausgrissen ghört und de Zimmer ganz nei einteilt. Außerdem a neie Haustür, a teerter Vorplatz und vor allem rundum neie große Fenster statt de vielen altmodischen Spreißelguckerl. Und im Süden, da hätt überhaupts a große Fensterwand neighört und a Veranda davor ...«

»Das ist ja dann kein Bauernhaus mehr, sondern ein Bungalow!«

»Genau. Des waar's gwesen! Ma hätt de Wohnqualität von am modernen Bungalof erreicht und damit des politische Ziel von der Schaasengleichheit auf dem Lande. Auf der Rückseiten hätt ma de Wand durchbrecha könna und an breiten Streifen mit Glasbausteine neisetzen, damit von hint a Liacht in Hausgang neifallt ...«

»Nun entschuldigen Sie mal, Mann«, wurde ich nun doch stutzig, »da hätten Sie den Hof doch besser ganz abgerissen und gleich ein neues Einfamilien-Wohnhaus hinbauen können!«

»Genau! Da habn Sie völlig recht«, begeisterte sich der Girmindl, »natürlich waar a Neibau am allergscheitesten. Aber des derf ma ja net wegen dem Scheiß-Denkmalschutz. So weit is komma, daß s' scho d'Ostfriesen herholn nach Bayern, bloß um an Fortschritt zum verhindern. – Da kommt er ja scho wieder, der Fanatiker, der wo a Indianerreservat aus uns macha mecht. Servus, Hias, i komm scho. I hab grad no schnell erzählt, daß du als Denkmalpfleger der reinste Schädling bist. Aber als Damenpfleger is er Klasse, werdn S' sehgn, Freilein! Und da is er aa garnet für des Alte, der Bazi, der gschlekkerte!«

Der Girmindl ging in einem kleinen Bogen um den Hias herum schnell ins Haus.

Der Hias schnalzte mit den Fingern, als Aufforderung für mich mitzukommen, schüttelte im Gehen nochmals den Kopf und klagte: »Ein Hundling, des Girmindl-Mandl! Aber sovui Wolpertinger und Ostfriesen gibt's ja garnet, wia mir fürn Denkmalschutz in Bayern eigentlich brauchn taaten.«

»Nun erzählen Sie schon endlich«, drängte ich, »wie ist dieser Ostfriese hier Bauer geworden und was haben er und seine Theres mit den Wolpertingern zu tun?«

Wir marschierten zu Fuß zügig auf den bewaldeten Hang zu, weil wir ja trotz der Verspätung am Nachmittag noch zu unserer Bergtour ins Wolpertingerrevier auf der Kampenwand aufbrechen wollten.

»Paß nur auf: Der Knut is früher erster Steuermann auf einem der bedeutendsten Fischdampfer von ganz Friesland gwesen. Aber wia amal a rechter Sturm ganga is, da muaß irgend so a Segelbaum runtergrasselt sei oder irgendwas anders. Jedenfalls is dem irgendso ein Trumm ins Gnack gflogn, hat eam a paar Halswirbel brocha, und beinah hätt er sein Kopf unter de Goldbarsch raussuacha müassn. Aber er hat's überlebt, weil er a zacher Hund is. Bloß des Gnack

– das Genick, verstehst mi – des is steif bliebn. Dadurch war er für sein Beruf als Steuermann nimmer tauglich und is von seiner Reederei quasi ausgsteiert wordn. Immerhin mit a srheena Abfindung, und a weng a Rente kriagt er aa von der Versicherung. Nach'm Krankenhaus is er dann amal in Urlaub gfahrn und bei uns in Hohenaschau rumghockt. Und irgendwann, bei am Volkstanz, wo de Theres mitgmacht hat, da hat er zuagschaut und war ganz weg. Du, der war aa danach net zum wegkriagn, und sei Blick hat sich in der Theres ihrem Ausschnitt verlorn wia in den Tiefen des Meerbusens von . . . Dingsbums.«

»Und wann sind die Wolpertinger gekommen?«

»Laß dir doch Zeit! Also, damit i weiterverzähl: Mir ham uns mit eam glei guat verstandn, weil er net sovui gredt hat wia de sonstigen Touristen.«

»Bayern und Ostfriesen – du meine Güte!«

»Ja, genau: zwei original-urwüchsige Stämme, die von den andern für blöd verkauft werdn! Kurzum, wia i wieder amal zum Thalhammer nauf bin, um wegen dem Hof mit eam z'redn, da hatscht der Knut daher. I denk ma, vielleicht gfallt eam der Hof, wenn net, gfallt eam wenigstens die Theres. Guat, mir nehma den Knut mit – der Girmindl is aa no dabei gwesn –, und hat eam aa alles guat gfalln. Bei der Besprechung hat er sich rausghalten, aber wia i a paarmal gsagt hab: ›modernisiern ja, aber net neimodisch, sondern den Charakter bewahren‹, da hat er an seiner Pfeif zogn und genickt. Hat ma imponiert, daß sich a Friese so begeistern kon! Aber dann habn sich de zwoa scho dauernd in de Augn ghabt, der Knut und die Theres, daß's alle gmerkt ham, bloß sie selber net. Und gredt ham s' aa nix mitanand. Und wia dann de Theres amal in der Küch draußen war, ham mir in der Stubn an Knut a bisserl aufgstachelt. Der kracherte Girmindl, der wo mehr fürs Direkte is, hat dann zu eam gsagt: ›Du, Knut, de Theres möcht fei scho gern wissen, obst du außer deim Gnack no was Steifes zu bieten hättst!«

»Na, das war ja nun wirklich mit dem Holzhammer!«

»Schon, aber es kommt ja net nur auf'n Hammer, sondern immer aa aufn Kopf an, auf den er trifft. Der Knut hat an Moment gstutzt, dann is er aufgstanden, is zu der Theres in d' Küch naus – und was moanst, hat er ihr gmacht?«

»Ein Kind?«

»Pfeifadeckl! An steifen Grog hat er ihr gmacht! Da hab i mir denkt, dene zwoa könnan bloß no d' Wolpertinger helfn. Der Theres ham mir dann leise gsagt, daß mir den Knut zum Wolpertingerfangen schicken wolln und sie soll mitgehn, weil des halt a alter Brauch is, daß ma des de Fremden amal lernt. Sie hat a weng gschamig grinst, dann hat s' a Kerzn und an Sack gholt, und er is bereitwillig mitganga. Wia de zwoa draußen warn, ham mir drin fast a Stoßgebet loslassen: ›Wolpertinger, helfts eana auf d'Sprüng!‹ Und dann hamma uns ausgmalt, wia pfundig des waar, wenn der in den Hof neiheiratn taat mit seim Geld.«

»Aber haben die draußen nur ihre Hochzeit besprochen oder wirklich einen Wolpertinger gefangen?«

»Siehgst, Heike, des ham mir uns an dem Abend nach einer Stund aa gfragt. Auf jeden Fall warn de zwoa net umsonst so lang staad nebeneinander auf der Lauer glegn. Weil nach a Stund ham mir amal beim Fenster nausgschrian: ›Habts scho an Wolpertinger?‹ Da hat der Knut stolz zruckgruafa: ›Jou, is schon drin!‹ und die Theres hat bloß no an glücklichen Juchazer 'tan: ›Den lass i nimmer aus!‹«

»Ja, aber wie haben die denn den Wolpertinger zu fassen gekriegt und was haben sie dann mit ihm gemacht?« wollte ich nun endlich wissen.

»Des zoag i dir heit abends aufm Berg, wenn's net z'kalt werd«, vertröstete mich der Hias. »Sowas kann ma net erzähln, des muaß ma erlebn.«

HB

Wo man die Bayern packt

Die Bergtour mit dem Wagner Hias war ein besonderes Erlebnis für mich. Seine erfreuliche Einstellung mir gegenüber, mich nämlich nicht als preußische Touristin zu behandeln, sondern als seinesgleichen, brachte den Nachteil mit sich, daß er von mir ein Tempo erwartete wie von einer gut trainierten Bergkameradin.

»Geh no, Madl«, munterte er mich immer wieder auf, wenn ich schon meinte, jeden Augenblick tot umfallen zu müssen, »geh no weiter! Red net sovui beim Bergsteign, dann geht dir d' Luft net so schnell aus.« Wir wollten unbedingt vor Einbruch der Dämmerung auf der Hütte sein, damit es anschließend noch nicht zu dunkel würde zum Wolpertingerfangen.

Beim letzten Stück konnte man von uns wirklich nur noch sagen, »halb zog er sie, halb sank sie hin«, denn ich war völlig erschöpft, vor allem, weil er spielend locker und gleichmäßig einen derart flotten Gang vorlegte. So ließ ich mir schließlich immer lieber von seinen kräftigen Armen Hilfestellung geben, wenn es über ein steileres Stück oder über einen felsigen Serpentinenweg ging.

Während des fast dreistündigen Fußmarsches von Hohenaschau bis zum Münchner Haus unter dem Kampenwandgipfel hatte ich über lange Strecken hin, die wir schweigend nebeneinander hergingen, viel Gelegenheit, nachzudenken, die Erlebnisse und Erkenntnisse der letzten Wochen im Kopf zu ordnen, Zusammenhänge zu suchen und Bilanz zu ziehen. Meine Reportage begann auszureifen, und ich wurde immer sicherer, daß Sir Henri beeindruckt sein mußte von soviel realer Politik, die ich als Hintergrund meiner Wolpertingerjagd ausgemacht hatte. Vielleicht würde er meinem Thema gar seine eigene Kolumne widmen.

Doch noch war ich nicht am Ende meiner Forschungsreise durch Bayern angekommen. Der Höhepunkt dieser alpinen Safari stand mir noch bevor. Wenn ich mir den Hias, diesen sonnengebräunten, sportlichen Mann von etwa 35 Jahren, so von der Seite her ansah

– die lustigen Augen, das natürlich-charmante Lächeln um den Mund und die kräftige Figur –, da wußte ich, daß Bayern solche Männer braucht und daß Wolpertinger vielleicht doch nur ein Schlüsselwort für die letzten echten Bayern ist. Unter diesem Gesichtspunkt, dachte ich mir, bist du beim Hias, was den Wolpertingerfang betrifft, auf jeden Fall in besten Händen.

Es entging mir natürlich nicht, daß er mich auch genau beobachtete und sich offenbar Gedanken über mich machte. Denn er stellte plötzlich unvermittelt Fragen über mich, meine Arbeit und meine Verhältnisse in Hamburg. Er hatte auch eine überraschend direkte Art, sich Aufschluß über meine Figur zu verschaffen. Was ich nämlich um die Welt nicht leiden kann, sind Männer, die sich unter irgendeinem Vorwand, etwa galanter Hilfestellung, eine Gelegenheit verschaffen, unsereinen so ganz beiläufig zu betätscheln. Der Hias dagegen ging mit herzerfrischender Direktheit zur Sache: wo immer er mich anpackte, wenn er mich über ein schwieriges Wegstück lupfte, da langte er kräftig hin, lächelte mich entwaffnend an und sagte nur: »Respekt!« oder »Guat bist beinand!« oder »Aa net schlecht!« Jedenfalls schien er nicht nur festen Halt, sondern auch immer mehr Gefallen an mir zu finden.

Als wir kurz vor dem Münchner Haus angekommen waren, zog er mich einfach in einen Seitenweg auf eine Bank und legte mit der Bemerkung: »Jetzt müaß ma zerst spekaliern« so sicher und besitzergreifend seinen Arm um mich, als seien wir nicht erst drei Stunden gewandert, sondern schon drei Jahre verlobt. Er zog sein Taschentuch heraus und begann, mir liebevoll den Schweiß von Gesicht, Hals und Ausschnitt abzutupfen. Es war früher Abend, und die Sonne stand nicht mehr hoch über den Berggipfeln der westlichen Alpenkette. Vom Münchner Haus hörte man schon den Gesang der Touristen: »Mit Seil und Haken, den Tod im Nacken, Bergkameraden sind wir, ja wir . . .«

»Hüttenleben!« sagte der Hias verächtlich, »organisierter Alm-Frohsinn und Zwang zur Gemütlichkeit!« Er schüttelte sich. Als nächstes dröhnten das »Böhmerwaldlied«, »Kein schöner Land in dieser Zeit« und »Auf du junger Wandersmann . . .« zu uns herüber.

»Willst jetzt wirklich an Wolpertinger mit mir fanga?« fragte der Hias, drückte mich fest an sich und blinzelte mich an. Das verschmitzte Lächeln in seinen Augen irritierte mich. Wollte am Ende auch er mich hereinlegen? Oder zögerte er noch, ob er mir das letzte Geheimnis der Wolpertinger anvertrauen könne? Ich war mir jedenfalls sicher: Der Hias würde mich nicht auch noch enttäuschen.

»Natürlich will ich einen echten Wolpertinger sehen und das Geheimnis endlich lüften«, sagte ich. »Aber hierher hätten wir ja auch mit der Seilbahn kommen können wie die anderen auch, die da in der Hütte.«

»Wenn ma z'Fuaß geht, kennt ma sich doch besser als wia im Sessellift«, antwortete der Hias in einer seltsamen Logik. »Natürlich müassn mir dann no a halbe Stund weiter. Aber des Problem is: Gehn ma jetzt zu dene nei, müaß ma uns dazuahockn und mitplärrn, dann komm ma z'spät zu de Wolpertinger. Oder mir sagn eana, was ma vorhabn, dann mechtn s' alle mit, und mir ham de ganze Preißenmeute am Hals.«

Das so selbstverständlich hingeworfene Wort »Preußenmeute« traf mich zwar wie ein Dolchstoß, aber ich wollte mich davon jetzt nicht ablenken lassen. Ob das in der Hütte nun johlende Preußen oder brüllende Bayern waren oder sonstwer, interessierte mich in diesem Augenblick nicht, sondern nur die Tatsache, daß ich mich weder zu diesen setzen noch andere Leute beim Wolpertingerfangen dabeihaben wollte. Auch mein Kollege mit der Kamera, der mit der Seilbahn hochgefahren war und auf uns wartete, war mir jetzt egal – bei dem Lied »Da drobn auf dem Bergl, da steht a Soldat« vermeinte ich sein Solo herauszuhören – und außerdem wurde ich ohnehin den Verdacht nicht los, daß es doch an ihm liegen mußte, warum mir alle Jagdabenteuer auf der Wolpertingerpirsch mißglückt waren. Irgendwie schienen die Wolpertinger ihn zu hassen, vielleicht, weil er ein so penetranter angepaßter Möchtegern-Bayer war, nicht einmal ein Preuße, sondern nur schlicht eine aufdringliche Fälschung.

»Ich hätte mich zwar jetzt gerne noch geduscht und umgezogen«, sagte ich zum Hias, »aber das Wolpertingerfangen ist wichtiger. Gehen wir also zuerst zur Geröllhalde hinter der Kampenwand und dann erst zur Alm zurück.«

Der Hias schaute mir zufrieden lächelnd in die Augen. Er schien genau diese Antwort von mir erwartet zu haben. Er nahm mich bei der Hand, zog mich einfach wieder mit und trällerte in den Abendwind: »Im Frühtau zu Berge wir ziehn, fallera, es grünen die Wälder und die Höhn, fallera. Wir sind hinausgegangen, die Wolpertinger fangen, komm mit und versuch es doch selbst einmal.«

Als wir etwa eine halbe Stunde weitergewandert waren und an einer kleinen, aber hübschen Hütte vorbeikamen, fiel dem Hias mein Wunsch von vorhin wieder ein: »Du, wennst dich fei a bisserl abfrischen oder was anders anziehn willst, des kannst da drin in unserer Bergwachthüttn aa machn.«

»Ist die denn offen« fragte ich überrascht.

»Naa, natürlich net. Aber da hab i ja immer an Schlüssel dabei, wenn i aufn Berg geh. Wenn's grad sei müaßt, i moan, für an Notfall oder so . . .« erklärte er mir seltsam verlegen.

Ich fand das prima und ging ganz beschwingt auf die Hütte zu.

»Siehgst as«, meinte der Hias mit einem Anflug von Ironie, »immer wenn du meinst, es geht nicht mehr, kommt von irgendwo ein Lichtlein her!« Und als ich ihn erstaunt ansah, ob es Spaß oder Pathos war, fügte er schnell erklärend hinzu: »I moan, da drin ham mir ja aa de Kerzn und den Sack zum Fanga, verstehst?«

Die Hütte war herrlich, ganz schlicht eingerichtet, aber doch mit dem Wichtigsten ausgerüstet. Als ich frischgewaschen das Dirndlkleid mit einem bequemen weiten Sommerrock und einer frischen Bluse vertauscht hatte, fühlte ich mich wie neugeboren. Alle Müdigkeit fiel von mir ab, nur Hunger begann ich zu verspüren. Doch mein Bergführer hatte schon vorgesorgt und ein hübsches Abendmahl auf der kleinen Holzterrasse angerichtet: eine bescheidene

Rucksack-Brotzeit zwar nur, mit Brot, Wurst und Käse, ein paar Äpfeln und Tomaten, dazu frischen Tee, aber die letzten Strahlen der untergehenden Sonne verklärten alles zu einem geradezu romantischen Hütten-Büffet.
Ich lehnte mich auf der Bank zurück, genoß die Stille, den Latschenduft und den Blick zum Gipfel der Kampenwand. Ich wartete, bis auch der Hias sich frisch gemacht und zu seiner speckigen dunkelbraunen Bundlederhose ein frisches Hemd angezogen hatte. Beim Essen saßen wir nebeneinander auf der Bank, säbelten in aller Gemütsruhe mal hier, mal da etwas ab und redeten sehr wenig.
Eines aber bedrückte mich: »Sag mal ehrlich, Hias, warum mögt ihr Bayern eigentlich uns Preußen nicht?«
Der Hias schaute mich lange an, lächelte und fragte zurück: »Warum? Moanst leicht, daß i di net mag?«
Ich drückte ihm für diese bayerisch-verschlüsselte Liebeserklärung spontan ein Küßchen auf die Wange und sagte: »Ich finde gerade, daß wir uns sehr gut verstehen. Aber ich bin nun mal eine Hamburgerin!«
»Schau, Madl. *Ein* Preiß oder *eine* Preißin tuat uns ja net weh. Der einzelne Preiß hat halt Fehler wia mir aa. Aber *die* Preißen san schlimm, weil sie meistens in Massen anrucken und dann san s' sovui, daß mir eaner nimmer Herr werdn.«
»Weißt du, Hias, da seid ihr Bayern selbst auch schuld, weil ihr wahllos alle nichtbayerischen Deutschen zu Preißen erklärt, egal ob es sich um Hanseaten oder Rheinländer, um Westfalen oder Hessen, Friesen oder Saarländer handelt ...«
»Mei, wenn ma da erst anfanga taatn, de aa no alle auseinander z'klaubn, da kennert sich ja überhaupt koa Sau mehr aus.«
»Aber dadurch sind natürlich die Preußen immer in der Mehrheit gegenüber den Bayern!«
Während die Sonne tiefrot und violett über den Alpen verglühte, versuchte der Hias, mir noch einige historische Zusammenhänge zu erklären, über die er offenbar schon länger nachgedacht hatte, die mir aber manches an dem abwechselnd komödiantisch derben und

ernsthaft bösen Hund- und Katzverhältnis zwischen Bayern und Preußen verständlich machten: Als Bayern noch fast reines Agrarland war, und sich hier der Fremdenverkehr zu entwickeln begann, waren es nie westfälische oder niedersächsische Bauern, die in bayerische Bauerndörfer zur Sommerfrische oder zum Wintersport kamen, auch nicht Arbeiter oder Leute aus bescheidenen Verhältnissen. Die ersten Schichten, die Urlaub machen konnten, waren vielmehr Adelige, Beamte, Künstler, Fabrikanten und andere reiche Leute; jedenfalls alle aus städtischem und industriellem Milieu mit entsprechend verächtlichem und arrogantem Auftreten gegenüber der Landwirtschaft und den einfachen Leuten auf dem Lande. Diese Schichten haben für die Bayern das klassische Bild von den »Preißen« geprägt. Bis schließlich der Massentourismus einsetzte, der dazu führte, daß heute auch bayerische Städter in südlichen Ländern von Spanien bis Griechenland mit ähnlichem Überlegenheitsdünkel auftreten und dort selbst zu »Preißen« werden.
Mir wurde richtig warm ums Herz bei dieser behutsamen und gescheiten Ausweitung der »Preußenfrage« in der Weltanschauung des Hias. In dieser differenzierten Fassung hörte sich das heikle Thema gleich wesentlich akzeptabler und begreifbarer an als etwa in der plumpen Formel, die mir der unsympathische Gemeindeschreiber Girmindl anbiederisch grinsend ins Gesicht gesagt hatte: »Zwoa Sachen kann i um d' Welt net leidn – Rassendiskriminierung und Saupreißen!«
Wir hatten inzwischen einen kleinen Spaziergang rund um die Bergwachthütte gemacht, aber von Wolpertingern war weit und breit nichts zu sehen. Wir gingen wieder zu unserer Terrasse zurück, weil der Hias meinte: »De Hauptsach is, daß de amal von unsere Spuren die Witterung habn, dann kommen s' bis ans Haus.«
Der Hias stellte eine Kerze auf, spreizte einen Sack mit einer Latte auf und breitete eine dicke warme Decke zwischen Hauswand und Holzgeländer auf dem Boden aus. Dann legte er sich auf den Rükken und streckte einladend die Arme nach mir aus. Ich kam zu ihm, und er erklärte mir: »Woaßt de Falle mit Sack und Kerzen, de

kennan s' natürlich längst. Drum muaß ma direkt davor no amal oane aufbaun – a Liebesfalle mit der Lederhosen!«

Wir lagen still nebeneinander und blickten in den klaren Sternenhimmel, mein Kopf ruhte auf dem Arm des Hias, und seine Nähe wärmte mich. Je dunkler es wurde, desto heller wirkte der Schein der Kerze auf dem Terrassenboden, eine Art indirekte Beleuchtung für uns zwei Lauernde. »Woaßt, wenn amal d' Wolpertingernacht reibricht und d' Luft wia elektrisch is, dann bindt ma sich einfach am Knia d' Bundhosen auf, wenn ma net sowieso a offene Kurze anhat. Ma wart, bis ma an vorwitzigen Wolpertinger drin spürt, dann macht ma 's Türl auf und braucht'n bloß raustoa.«

Wir lagen eine Weile wortlos nebeneinander, schmiegten nur unsere Köpfe mehr und mehr zusammen und drehten uns zwischendurch einander zu, um uns zu küssen. Langsam begann ich zu begreifen, warum das Wolpertingerfangen nach der klassischen Methode zu den beliebtesten Bräuchen in den Alpen gehört.

Plötzlich drückte mich der Hias fester an sich und flüsterte mir ins Ohr: »Jetzt rührt sich was, i glaub, jetzt kimmt er.«

»Wo? Im Sack?«

»Naa, in der Hosen! I mach jetzt 's Türl auf und du schaust, daßd 'n glei packst.«

Er knöpfte vorsichtig auf, und ich griff blitzschnell zu. Da hielt ich endlich das Geheimnis des Wolpertinger in meiner Hand und wußte, was der Hias meinte: ohne Wolpertinger müßten die Bayern aussterben. Und ich hatte immer gedacht, einen Bayern packt man beim Ehrgeiz!

»Hast'n?«, flüsterte er und drehte sich mir zu.

»Ja«, flüsterte ich zurück und lächelte ihn verständnisvoll an.

Später fragte ich den Hias in einer Atempause vorsichtig: »Sag mal, Liebling, jetzt weiß ich zwar, wie ihr mit dem Wolpertinger eine Preußin aufs Kreuz legt, aber was ist denn euer erfolgreichstes Rezept für den Endsieg über die Preußen?«

»Aufheiraten!« sagte der Hias, ohne nachzudenken. HB

Johnny schaut ins Paradies

Nach dieser schönen Nacht, als der Wolpertinger kam und wir in der Bergwachthütte genauso spontan übernachteten, wie es der Hias vorbereitet hatte, folgte ein böses Erwachen. Zwischen uns beiden war zwar noch alles wolkenlos ungetrübt, und wir genossen unser karges Hüttenfrühstück aus den Resten vom Vorabend wie im Flitterwochenhotel. Aber kaum waren wir beim Münchner Haus angekommen, ging der Tanz los.

Johnny war schon sauer, weil ich einen dienstlichen Auftrag zum Privatvergnügen mißbraucht und ihn abgehängt hatte. Vor allem aber hielt er meine Einwendungen für absurd, die Reportage müsse nun sowieso anders geschrieben werden, weil ich ja inzwischen die wirklichen Hintergründe der vielfältigen symbolischen Bedeutung des Begriffs Wolpertinger kannte. Er tobte und erklärte mich für absolut unkollegial, weil ich kneifen und mich herausreden wolle mit abstrakten Geschichten, anstatt ihm zu helfen, doch noch die Bilddokumentation mit Originalaufnahmen zu vollenden.

Das Ende vom Lied war, daß ich schließlich in Begleitung vom Hias mitging, als Johnny sich von zwei erfahrenen Bergführern für gutes Honorar von einer überhängenden Steilwand des Kampenwandmassivs abseilen ließ. Er war fest in Sitzgurte verschnürt, oben war alles mit Rollen gesichert, so daß nichts passieren konnte und Johnny hatte außer seinen drei Kameras mit dreierlei Objektiven auch noch ein Sprechfunkgerät umgehängt. Damit gab er mir seine Beobachtungen durch, die ich mit dem zweiten Sprechfunkgerät zum Mitschreiben aufnahm.

»Heike, bitte kommen, Heike Brink, kommen!« krächzte es aus dem Apparat.

»Glaubst du, ich bin verrückt?«, schrie ich zurück.

»Verflixt und Juhä, über Funk sollste kommen, nicht übers Seil! Jessas Maria und Josef, das Zeig mecht sich unablässig drallern, mir tuts ganz anderst werdn.«

Im Auftrag der ständig grinsenden Bergführer fragte ich ihn, ob er genug habe und wieder heraufkommen wolle.
»Jetzt mecht ich schon aufs Ganze gehn! Laßt mich noch weiter runter, sakra tut sich mir alles drehn und wenden, daß sich direkt ein großer Schwindel im Hirn breitmacht. Noch weiter runter, über den nächsten Felsvorsprung, mir mecht jetzt alles egal sein.«
Die Bergführer und der Hias schauten sich an, schüttelten den Kopf und mußten sich beherrschen, damit nicht vor Lachen die Sicherung des Seils übersehen würde. Nach einer Weile kam wieder die laute, erregte Stimme Johnnys durch das Sprechfunkgerät:
»Jetzt seh ich was, hier mecht was sein, was krabbelt am Berg. Ich hab sie gefunden: eins, zwei, drei, unzählige Wolpertinger! Ein ganzes Bergparadies von Wolpertingern mecht sich vor meinen Augen auftun: große schöne Höhlen, wie eine Kaserne der Alpenfestung tun sie ausschaun. Und überall sein Wolpertinger, die einen haben links längere Beine, die anderen rechts, je nachdem, wie sie um den Berg kreisen tun. Aufgepaßt da droben, ich mecht jetzt a bisserl zu schaukeln anfangen, daß ich näher an den Felsvorsprung ranpendel und vielleicht könnt auf die Fieße kommen. Jetzt hab ich die Biester vor der Linse, nun kommen sie mir nicht mehr aus. Erstaunlicherweise, mecht ich sagen, seind die Tierchen recht possierlich und zutraulich. Sie winken mir sogar zu, und da schaug einer her, da kommen zwei allerliebste Flugwolpertinger und lassen sich sogar auf meinem Seil nieder! Mir Bayern tun ebn zammerhalten, gelle. Das ist schon herzallerliebst, muß man sagen, na eich niedliche Viecherln wern ma missen mit dem Tele a bisserl ranholen. So, jetzt sind sie scheen scharf. Nu, was mechten diese Teifel da machen? Diese Untiere, die miserabligen, die tun sich erdreisten, da gemietlich an meinem Seil herumknabbern. Hilfe, hochziehen, die Drecksluder nagen ja das Seil durch! Schnell, verfluchte Scheißeeeeeeeeeee . . .«
Nach Johnnys Todesschrei war Funkstille; man hörte nur noch einen dumpfen Aufschlag und das Krachen splitternder Kameras. Wir sahen uns stumm und bleich an, ich klammerte mich zitternd an den

Hias, die Männer nahmen die Hüte ab zu stillem Gedenken, dann holten sie den Rest des Seiles ein. Meine gestern noch so feste Überzeugung, daß es doch keine Wolpertinger gibt, war in diesen Minuten zerborsten. Alles war wieder offen ... HB

Wie alles zu Ende ging

Der Rest ist schnell erzählt. Nach der Bergung und Beerdigung des unseligen Fotografen Johnny, an dem sich das seherische Wort des Benefiziaten Guggenberger bewahrheitet hatte, daß kein normaler Mensch mehr lebt, der Wolpertinger gesehen hat, versuchte ich unseren Auftrag zu einem Ende zu bringen. Da alle seine Filme beim Absturz vernichtet worden waren, beauftragte ich den Illustrator Blaumeiser in München, das zeichnerisch zu rekonstruieren, was ich ihm aus all unseren Erfahrungen und nach Johnnys letzten Schilderungen durchs Funkgerät erzählen konnte.

In meinen Reportagen, die ich in Hamburg noch als letzte Arbeit für das *magacin* schrieb, bevor ich zu meinem künftigen Mann in den Chiemgau übersiedelte, ließ ich die Frage völlig offen, ob es Wolpertinger nun wirklich gibt oder nicht. Stattdessen ging ich voll auf die Symbol-Story ein. Ich zeigte die vielen Parallelen auf, die ich zwischen den echten Bayern und den Wolpertingern aufgespürt hatte. Ich beschrieb, wie die Originalität und die Vitalität dieses für Außenstehende so schwer begreifbaren Volksstammes und dieser mit ihnen so verwandten fabelhaften Wesen von derselben Existenzgrundlage abhängig sind, von einer unauflöslichen Lebensgemeinschaft auf ökologischer Basis im unverfälschten Alpen- und Voralpen-Biotop. Ich schrieb mit dem Herzblut meines nun leibeigenen Heimatpflegers flammende Artikel und geißelte alles, was sich hinter folgenden Kapiteln bayerischer Politik verbirgt: die touristische Verseppelung des Brauchtums, der politisch-reaktionäre Mißbrauch der Tradition, die touristische Prostitution alpenländischer Kultur und die Kommerzialisierung von Heimat durch Bauspekulation und Landschaftszersiedelung, sowie rücksichtslose Naturvernichtung durch profitgierige Übererschließung von Erholungsgebieten.

Wenn wir zu diesen Themen nicht so massiv einstiegen, wie ich es getan hatte, schrieb ich in einer Begleitnotiz an Sir Henri persönlich,

würde es bald in dieser Welt keine Wolpertinger und keine Bayern mehr geben wie meinen Hias. Mein Schlußsatz hieß: »Bayern braucht Wolpertinger wie Deutschland Bayern braucht!« Der *magacin*-Boß schickte mir nur ein Telegramm mit der ironischen Antwort »Da haben Sie recht, Püppchen!« und eine – allerdings ansehnliche – Abfindung für die nicht mehr gebrauchten Stories mit besten Wünschen zur Hochzeit in den Bergen.
Damals ahnte ich noch nicht, daß aus meinen Aufzeichnungen sogar einmal ein Buch entstehen würde. Darum war ich sehr sauer, weil ich natürlich schnell merkte, daß man mir im *magacin* den Ernst der Sache nicht abnahm und mein großes Anliegen nicht komisch genug fand für das deutsche Bayernbild. Aber meine Antwort hatte sich gewaschen, und der Hias war ehrlich stolz auf mich, als ich an meine frühere Redaktion zurückkabelte: »Ihr wollt euch wohl nur über uns Bayern lustig machen, Saubande preißische!« HB

Inhalt